JLA
図書館実践シリーズ 23

RDA入門

目録規則の新たな展開

上田修一・蟹瀬智弘 著

日本図書館協会

An Introduction to RDA:
new trends in cataloging
(JLA Monograph Series for Library Practitioners ; 23)

RDA 入門 ： 目録規則の新たな展開 ／ 上田修一, 蟹瀬智弘著. －
東京 ： 日本図書館協会, 2014. － 205p ； 19cm. － (JLA 図書
館実践シリーズ ； 23). － ISBN978-4-8204-1319-6

t1. アール　ディー　エー　ニュウモン　a1. ウエダ, シュウイチ　a2. カ
ニセ, トモヒロ
s1. 図書目録法　① 014.32

はじめに

　この本は，米国議会図書館や英国図書館など英語圏の図書館が使い始めた新しい目録規則である「RDA」（Resource Description and Access）の解説書です。『英米目録規則第2版』（AACR2）の改訂版として AACR3 が検討されましたが，内容も形式も刷新された RDA が登場しました。当初，RDA の評判は芳しくなく厳しい批判にさらされましたが，結局は採用されることになりました。

　20世紀末には，目録の媒体は，カードからデータベースへと完全に置き換わり，目録を作る環境も，提供する方法も大きく変化しました。メタデータのような，デジタルデータの内容を記述する枠組みも検討されてきました。新しい目録規則が求められたのは，こうした目録を取り巻く環境の変化のためと言うことができます。

　この変化に対応して作られたのが，目録作成となるモデルを示す「書誌レコードの機能要件」（FRBR: Functional Requirements for Bibliographic Records）です。FRBR は，実体関連分析という手法をもとに目録対象を分析し，書誌レコードに必要な要素を論理的に選んでいます。また，並行して典拠コントロールを定めた「典拠データの機能要件」（FRAD: Functional Requirements for Authority Data）も作られました。一方，数年前にできあがった『国際目録原則覚書』は，目録利用者の利便性を強調しています。

　RDA は，AACR2 の改訂版ですが，FRBR と FRAD を強く意識したものになっています。

　RDA は，日本の目録作成作業に二方向の影響を及ぼすことに

なります。一つは直接的なものです。米国議会図書館では，2013年3月末からRDAに基づいた目録レコード作成が始まりました。日本では，洋書の所蔵の多い大学図書館は，従来から洋書の目録にAACR2を使ってきました。大学図書館のほとんどは，国立情報学研究所のNACSIS-CATによって目録を作っています。このNACSIS-CATでは，米国議会図書館の作成した目録レコードが使われています。そのため，RDAに基づいた目録レコードが日本の大学図書館の目録に入ってくることになります。

　もう一つは，日本の目録規則に対する影響です。RDAは，世界中で広く使われる目録規則となる可能性があります。既に，多くの国々の図書館がRDAの導入を決めています。日本では「日本目録規則」の改訂作業中です。RDAをそのまま使うことはなくてもRDAから強い影響を受けることになります。

　これまでの目録規則は，決して理解しやすいものではありませんでした。RDAは，それに輪をかけてわかりにくいと言えます。米国におけるRDA批判の一つは，このわかりにくさでした。特に用語については，混乱している面もあります。

　しかし，RDAは次世代の目録の基盤となることがはっきりしていますから，その概要を知っておく必要があると考えられます。もちろん，RDAを知るには，RDAそのものを参照すればよいのですが，RDAへのアクセスもなかなか難しくなっています。

　そこで，RDAはどのような目録規則かを解説することにしました。RDAは，単独で存在するわけではなく，これまでの目録規則の変化の流れの中にあります。また，目録で使われる基礎的な概念，用語を整理しておく必要があると考え，まず，I部で目録の歴史と現状をまとめました。次に，II部でFRBRとRDAの特徴

と，RDA が日本に及ぼす影響を述べました。そしてⅢ部では，RDA の構成に従い，詳しく解説しています。最後に，RDA が日本に及ぼす影響を述べています。

　目録規則の表記は，対応する資料のある場合は，『日本目録規則 1987 年版改訂 3 版』のように書名として表記しましたが，目録規則一般の場合は，日本目録規則のようにかっこを省き，AACR2 や RDA は初出を除き略号を用いています。人名，機関名など固有名詞の表現，用語は，日本図書館情報学会用語辞典編集委員会編『図書館情報学用語辞典　第 3 版』（丸善，2007）に従っています。

　なお，Ⅰ部は上田修一，Ⅱ部とⅢ部は蟹瀬智弘が担当しました。編集を担当してくださった日本図書館協会出版部の内池有里氏に感謝いたします。

　この本が，目録に関心のある方々に役立つよう願っています。

2014 年 1 月
　　　　　　　　　　　　　　　　　　　　　　上田修一　蟹瀬智弘

目次

はじめに　iii

第I部　FRBRまで：目録規則の変遷と現状 …… 1

●1章●　図書館目録とは …… 2

1.1　目録と書誌コントロール　2
1.2　記入，標目，書誌記述　3
1.3　目録規則　3
1.4　資料の探索と管理の機能　5
1.5　目録と書誌　5

●2章●　目録規則の変遷 …… 6

2.1　初期の目録　8
2.2　パニッツィの目録規則　9
2.3　カッターの辞書体目録規則　10
2.4　英国と米国の目録規則　11
2.5　パリ原則　12
2.6　ISBD（国際標準書誌記述）　13
2.7　日本目録規則　14
2.8　英米目録規則　14
2.9　書誌レコードの機能要件（FRBR）　15
2.10　国際目録原則覚書　15
2.11　国際標準書誌記述統合版　16

contents

  2.12 目録規則はどう変わってきたか 17

●3章● **目録を構成する概念とその変化** ……………… 20

  3.1 著作の概念 20
  3.2 基本記入方式と記述ユニット方式 21
  3.3 著者か書名か 23
  3.4 標目とアクセスポイント 23
  3.5 典拠コントロールと FRAD 24
  3.6 資料の識別 27
  3.7 転記の原則 29
  3.8 区切り記号法 30
  3.9 標準番号 31

●4章● **RDA の背景** ……………………………………… 33

  4.1 デジタル化と目録 33
  4.2 目録レコードの調達 36
  4.3 利用者指向 38

第Ⅱ部 **FRBR と RDA** ………………… 41

●1章● **RDA とは** …………………………………………… 42

  1.1 利用者のタスク 43

目次

　1.2　内容と記述の分離　44
　1.3　資源の記述とアクセスの他の標準との関係　45
　1.4　概念モデル（FRBR）　45
　1.5　目的と原則　52
　1.6　構成　55
　1.7　コアエレメント　60
　1.8　アクセスポイント　61
　1.9　国際化　61
　1.10　RDA-Toolkit の紹介　61
　1.11　印刷版　66

●2章● RDA ができるまで　68

　2.1　AACR2 の改訂　68
　2.2　AACR3　70
　2.3　RDA　71
　2.4　他のデータ作成機関との連携　72

●3章● RDA の現状：世界的な標準になるのか　73

　3.1　翻訳　73
　3.2　導入館　74

●4章● RDA の日本の目録作成に及ぼす影響　76

　4.1　『日本目録規則』　76
　4.2　国立国会図書館　77
　4.3　NACSIS-CAT　78

4.4 和漢古書　80
4.5 その他　80

第Ⅲ部　RDAの詳細 …………………83

●1章● RDAの主要項目の訳と解説 …………………84
1.1 セクション1「体現形と個別資料の属性の記録」　84
1.2 セクション2「著作と表現形の属性の記録」　113
1.3 セクション3「個人・家族・団体の属性の記録」　134
1.4 セクション4「概念・物・出来事・場所の属性の記録」　143
1.5 セクション5「著作,表現形,体現形,個別資料の間の主要な関連の記録」　145
1.6 セクション6「個人・家族・団体との関連の記録」　159
1.7 セクション7「概念・物・出来事・場所との関連の記録」　165
1.8 セクション8「著作,表現形,体現形,個別資料の間の関連の記録」　165
1.9 セクション9「個人・家族・団体の間の関連の記録」　178
1.10 セクション10「概念・物・出来事・場所の間の関連の記録」　180
1.11 Appendix　181

目次

●2章● **想定されるレコード構成** ……………………………… 182

付録　RDA の目次　　189
引用文献　　192
事項索引　　195

第 I 部

FRBRまで：
目録規則の変遷と現状

1章 図書館目録とは

1.1 目録と書誌コントロール

　日本語の「目録」ということばは，目録を作成する作業とその成果物の両方の意味で使われています。図書館の利用者にとって，目録とはその成果物のことであり，図書館目録を使って図書館が所蔵する資料を探します。一方，図書館の側では，目録作成作業を含めて目録ということばを使っています。ただ，最近では，成果物としての目録は「OPAC」と呼ぶようになっています。

　目録作成作業は，書誌コントロール，あるいは資料組織化の中に含まれます。書誌コントロールは，『図書館情報学用語辞典』では「資料を識別同定し，記録して，利用可能な状態を作り出すための手法の総称」[1]と定義されていますが，本来，自由に，また無秩序に刊行される資料を集め，同じものかどうかを調べ，あらかじめ定めた規則で記録し，検索できるようにすることです。つまり，標目を決めたり，書誌記述をしたり，分類することは，書誌コントロールの具体的な作業といえます。

　従来，目録規則では，もっぱら標目と記述を中心とし，分類作業や件名目録など主題に関する側面は，ほとんど扱われてきませんでした。目録規則を取り上げるこの本でも，分類

や件名標目は，関連のある場合にだけ触れることにします。

1.2 記入，標目，書誌記述

　一冊の本の目録の記録は，「記入」と呼ばれることがあります。記入は，初期は受け入れた順に並んだ資料リストの1行にすぎませんでしたが，やがて，記入は，その本についての「書誌記述」や「所在指示」，それに「標目」によって構成されるひとかたまりの記録を意味するようになりました。書誌記述とは，著者名や書名，出版に関する事項などのことです。また，書誌事項を記述する作業を書誌記述と呼ぶこともあります。所在指示は，その本の所在位置を示す記号などを示します。これは図書館では，「請求記号」と呼ばれています。

　それぞれの記入は，探しやすい順序に並べられます。本を探す手がかりであり，排列対象となる見出し語が標目です。標目には，書名と著者名があり，さらに主題を示す分類記号や件名も標目として使われます。著者名から探すことのできる著者名目録を作成するときには，著者名が標目となり，通常，その読みの順序で並べられます。

1.3 目録規則

　目録規則は，目録を作成する際に参照するマニュアルで，これは目録の一貫性や質の維持のために必要です。現在の目録規則は，書誌記述と標目の選定が中心ですが，少し前までは，目録の種類や排列など目録の「編成」と呼ばれる部分がかなり大きな部分を占めていました。

著者や出版社は，共通した規則に従って出版物を著したり制作するわけではありません。そのため，著者名をペンネームにしたり，長い書名の本を作ったりすることがあります。

　図書館がかかわる書誌記述の規則や標目の選定規則は，まず，大きな枠組みを作ってできるだけ体系化した規則であることが望ましいと言えます。しかし，実際には，これまでの事例をもとに組み立てられてきました。また，原則を示すだけでは，さまざまな形をとる資料に対処できず，目録規則の細部は，これまでにみられた多様な出版物や変形にどう対処するかという工夫やノウハウを示したものになります。つまり，目録規則はこうした工夫やノウハウの集積であるという性格が強く，経験に依存する部分が大きくなります。また，このように事例への対処方法を含めることにより，次第に大部なものになっていく傾向があります。

　図書館目録は，書誌学や歴史研究で作られる目録とは異なります。目録規則は，図書館の運営や資料の管理という側面から，図書館資料をどのようにとらえるかを示したものです。そのため，図書館運営の考え方やあるいは資料そのものが変化すれば，目録規則も変化せざるを得ません。

　目録規則は個別の図書館で作られた規則から，次第に図書館の間で共通化する道をたどり，現在では，目録規則は国際的な標準化活動の流れの中に置かれています。日本では，独自の目録規則が維持され，国際的な標準ができればそれに合わせてきました。一方，他の国で作られた規則をそのまま用いる国があります。今では後者が多数となりつつあります。

1.4 資料の探索と管理の機能

目録には，資料を探すための検索（ファインディングリスト）機能，集中（コロケーション）機能，図書館の蔵書を管理する（シェルフリスト）機能があるとされてきました。

近代までの図書館では，資料を受け入れた順に手書きのリストを作り，これを蔵書の状態を確認するために用いるとともに，検索用のリストとして資料を探すために使っていたと考えられます。蔵書数が少なければ，こうした冊子の形をとった目録でも十分役に立ちました。

なお，集中機能とは，特定の著者や著作あるいは主題に関する資料を網羅的に示す機能のことです。

1.5 目録と書誌

図書館の目録は，資料の所蔵と結びついているという点で，文献のリストである書誌とは異なっています。目録では，後で述べる FRBR の「個別資料」と結びついています。個別資料とは，例えばある図書館が所蔵している，背にラベルが貼られ，貸し出される特定の一冊のことです。図書館目録では，その本についての情報と，その本がどこで見つかるかを記録します。一方，書誌の一種である『出版年鑑』の掲載事項には，特定の一冊とのつながりはありません。

2章 目録規則の変遷

　RDA（Resource Description and Access）の冒頭でも述べられていることですが，英米目録規則の後継となるRDAは，パニッツィやカッターの目録の原則をはじめ，最近のFRBRや国際目録原則覚書に至る原則や目録規則に基盤を置いています。そのためRDAの理解には，これまでの目録原則や目録規則と，目録規則に変化をもたらした背景を知っておくことが必要です。近世までの日本や中国にもそれぞれ目録や目録学がありますが，現在の目録規則は西欧の目録の概念に従って作られていますので，西欧の目録の歴史を概観します。

　図1は，近代からのおもな目録規則の変遷と影響関係を示したものです。

　この300年ほどの歴史をみると，パニッツィやカッターの目録規則，あるいはパリ原則などがその後の目録規則に大きな影響を及ぼしてきたことがわかります。同様に，20世紀末に作られた『書誌レコードの機能要件』（FRBR）は目録規則を新しい方向へと導くものと見なされています。

　しかし，現在から過去をみてみると，目録規則は，目録の媒体によって左右されてきたという印象を持たざるを得ません。すなわち，リストや冊子体の長い歴史のあとに，カード目録が出現し，その結果，目録カードに適した目録規則が作られてきました。ところが，目録がデータベースとなり，情

報検索システムを使うようになると，この環境に適した目録規則へと変わりました。

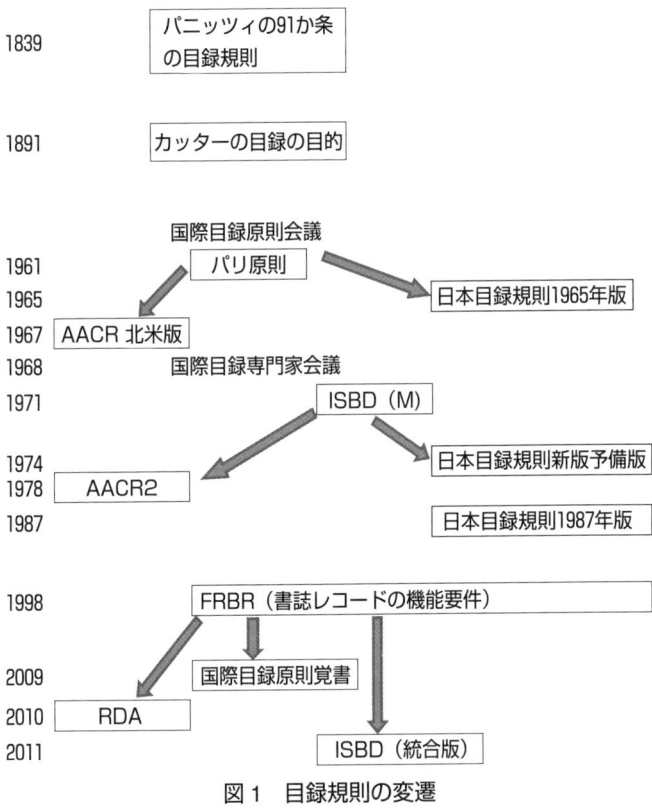

図1 目録規則の変遷

2.1 初期の目録

　紀元前3世紀頃にエジプトに存在したとされるアレキサンドリア図書館では「ピナケス」と呼ばれる目録が作られていました。その一部が遺されていますが、これが目録の機能を持っていたのであるなら古代にも充実した目録があったといえます。しかし、古代から中世までの目録は現代の目録とはかなり違ったものでした。それは、目録の対象となる本が、現在の出版物とは違っていたからです。一点一点に違いのある写本が中心であっただけでなく、書名や著者名、あるいは制作された年や場所は本自体に記載されていなかったり、判然としなかったりすることが通常でした。書名ではなく、本の書き出し部分を識別に使ったりすることも一般的でした。

　また、本だけでなく、図書館の概念も漠然としていました。少ない蔵書を厳重に管理する例もあれば、大量の蔵書が管理されないままにおかれることもありました。

　初期の図書館目録は、シートや台帳に書名や本の特徴を受入順に記入したものであり、それが検索にも使われたと推測することができます。蔵書数が多くなれば、資料の管理には台帳が必要ですが、管理者が記憶によって本の有無や排架場所を答えることはできたと考えられます。

　図書館目録は、ある図書館の蔵書、さらに言えば蔵書の中の一冊一冊を対象として作られてきました。それぞれの図書館は、それぞれの蔵書について独自の方法で目録を作ってきました。つまり、図書館の目録は、図書館ごとに別々に作られていました。共通の目録規則を使うようになったのはせいぜいこの200年ほどの間のことです。

歴史上の図書館のほとんどは最初から計画的に建てられ，図書館管理が行われていたわけではありません。個人やグループ，あるいは機関の手で集められ一箇所に置かれた多数の本が次第に図書館を形成していったと考えられます。近世までの図書館は自然発生的であり，消え去る図書館も無数にありました。

　やがて，本と図書館の概念が少しずつはっきりし，蔵書が増え，資料を探すニーズが高まっていくと，探索に向いた目録が作られ始めました。さらに，中世の終わり頃から本の情報を記した巻末の奥付（コロフォン）が記載されるようになり，活版印刷の普及が始まると，巻頭部分に扉（タイトルページ）が出現し，書名が記載されるようになりました[2]。

　特に活版印刷の発明により，目録の印刷や配布ができるようになりました。それまでの目録は手書きで，その写本が作られていました。写本や印刷版の冊子体目録では，書名目録や著者名目録が作られましたが，主題目録も古くから作られてきました。

2.2 パニッツィの目録規則

　アントニオ・パニッツィ（Antonio Panizzi）は，18世紀末に北イタリアで生まれ，英国に亡命し，大英博物館につとめ，最後には館長になりました[3]。大英博物館の刊本部に属していたときに，約24万冊の刊本の管理が十分でないと気づき，目録作成を始めました。分類順がよいという意見もありましたが，パニッツィは，著者名のアルファベット順の目録を主張し，「91か条の目録規則」と呼ばれる規則を作りました[4]。

パニッツィの規則には，書誌記述にかかわる部分は少なく，大半が著者名目録における標目の設定とその形式に費やされていました。パニッツィは，目録はファインディングリストとして簡略なものでよいとする意見に賛成せず，詳細な記述が必要であると主張しました。そして，同じ著者の本を一箇所にまとめる集中機能を果たすようにするために，記入はその著者の固有の標目のもとに作ることにしました。目録の対象になる本について，まず個人著者名が判明するものと著者名が不詳なものとに分けました。著者名が判明している場合には，著者の個人名を姓（surname）から記入することにしています。例えば，チャールズ・ディケンズ（Charles Dickens）の場合には「Dickens, Charles」という形の標目になります。共著の本では主要な著者を標目とし，他の著者名からは参照を作ります。この主要な著者の標目を持つ記入が基本記入となります。こうした原則をもとにして標目とその形についての規程を展開しました。もう一つ，従来は，著者名のわからない場合には無著者名とひとくくりにしていたのに対し，国や機関などの団体著者を標目とすること，聖書や百科事典には，その形式を表す「Bibles」や「Encyclopedias」などの標目とすることなどを提案しました。

2.3 カッターの辞書体目録規則

チャールズ・エイミー・カッター（Charles Ammi Cutter）は，1876年に『印刷版辞書体目録規則』[5]を発表しました。辞書体目録は，書名，著者名，件名の各標目，それに参照を混ぜて排列編成した目録のことです。これに対し，書名，著者名，

件名の目録が別々になった目録を分割目録と言います。この辞書体目録は、日本ではほとんどみられませんでしたが、米国の一般の図書館では、オンライン目録となるまで一般的な目録編成方式でした。

カッターの『印刷版辞書体目録規則』は、1889年から3度にわたって改訂され、記述、標目、排列を含む369条の規則から構成されていました。特に、目録の目的と目的を成し遂げるための方法について述べている部分がよく知られており、FRBRの利用者タスクや、「国際目録原則覚書」に影響を及ぼしています。

カッターの言う目録の目的は、(1)著者名、書名、主題のいずれかがわかっている本を見つける、(2)特定の著者、特定の主題、特定の資料種別に関して図書館が所蔵しているものを示す、(3)その版かその特徴に関して本の選択を助ける、ことでした。これらの目的を達するために、目録には、参照を伴う著者名、書名、件名や分類の記入、版表示や出版事項、それに注記の記載を求めています。これが目録規則の枠組みとなりました。

なお、カッターの規則は、最初は、印刷版の冊子体目録を前提としていましたが、後にカード目録を対象としています。

2.4 英国と米国の目録規則

英国と米国では、国内における目録規則の標準化作業が進み、さらに英米共通の目録規則の制定の機運が高まりました。そこで英国図書館協会（Library Association）とアメリカ図書館協会（ALA: American Library Association）は、共同して目録規則

を作りました。しかし，細部で合意ができず，結局，英国版（1902年）と北米版（1908年）が別々に出版されました。その後，両者は何回か改訂されました。

2.5 パリ原則

　1961年に国際図書館連盟（IFLA: International Federation of Library Associations and Institutions）が主催してパリで開かれた53カ国の目録担当者が集まった国際会議において，目録の標目の選定と形を中心とした目録原則が採択されました。この会議には日本からも参加しています。この会議で後に「パリ原則」と呼ばれるようになった目録原則の覚書が発表されました。これは，事前に配布されたシーモア・ルベツキー（Seymour Lubetzky）の草案を元にしており，団体名のもとの記入を認め，書名を文法に基づくのではなく自然な順序で排列するなど，それまで英米の規則とドイツの規則の間にあった相違点を解消するものでした[6]。「パリ原則」は，目録の機能，目録の構成，記入の種類，複数の記入の使用，各記入の機能，統一標目の選択，1人の個人著者，団体のもとの記入，多数著者の著作，タイトルのもとに記入される著作，個人名の記入語から構成されていました。この「パリ原則」に基づいて日本では，『日本目録規則1965年版』[7]が作られ，1967年には『英米目録規則』（AACR: Anglo-American Cataloguing Rules）[8]が出版されました。

2.6 ISBD（国際標準書誌記述）

　しかし，「パリ原則」は，標目の原則でした。そこで，書誌記述については，1969年にコペンハーゲンでその国際的な標準化を議論する国際目録専門家会議が開かれました。IFLAの目録分科会が後援したこの会議で「国際標準書誌記述（ISBD: International Standard Bibliographic Description）作成ワーキンググループ」が設けられ，そこでの討議の結果，1974年に単行書用の『ISBD（M）』[9]が発表されました。

　ISBDは，書誌情報の国際的な交換の実現を大きな目的としており，そのために，書誌レコードの内容を定めたばかりでなく，ある言語の利用者のために作成された書誌レコードを他の言語の利用者にも解釈できるようにすること，書誌レコードの電子化を促進するという方策をとっています。具体的には，目録で記述する項目である書誌要素を決め，タイトルおよび責任表示，版，資料（刊行形式）特性，出版頒布，形態的記述，シリーズ，注記，標準番号と入手条件の八つのエリアにグループ化しました。さらに，記述の順序を決め，言語の違いにかかわらず書誌要素を区別し，識別できるように区切り記号を定めています。

　ISBDは，単行書用に続いて，「非図書資料」（NBM），「地図資料」（CM），「楽譜」（PM），「古典籍」（A）が作られ，やがてこれらを整合させる目的の「ISBD（General）」も作成されました。その後，各ISBDは，5年から10年ごとに改訂され，維持されてきました。

　このISBDも，各国の目録規則に取り入れられています。

2.7 日本目録規則

日本では，独自の共通目録規則を作ってきました。第二次世界大戦中の 1942 年に作られ，1943 年に大阪の間宮商店から刊行された青年図書館員聯盟目録法制定委員会『日本目録規則』[10]（NCR: Nippon Cataloging Rules）は，維持管理機関が日本図書館協会となって，現在まで続いています。最新版は，2006 年刊行の『日本目録規則 1987 年版改訂 3 版』[11]です。『日本目録規則 1965 年版』[12]は，カード目録用の目録規則でした。『日本目録規則新版予備版』[13]（1977 年）は，記述ユニット方式を採用しました。『日本目録規則 1987 年版』[14]からは，ISBD の区切り記号を導入するとともに，書誌単位などの新しい概念を取り入れています。また，それまでの日本目録規則の対象は和書でしたが，『1987 年版』は，洋書を含むあらゆる図書館資料を対象としています。『日本目録規則 1987 年版改訂 3 版』は，「第Ⅰ部　記述」，「第Ⅱ部　標目」，「第Ⅲ部　排列」から構成されています。

2.8 英米目録規則

1961 年の「パリ原則」に基づいて，1967 年には『英米目録規則英国版』と『英米目録規則北米版』が刊行されました。その後，ISBD の制定を受けて改訂されました。そして 1978 年にようやく一本化され『英米目録規則第 2 版』[15]（AACR2: Anglo-American Cataloguing Rules, 2nd ed.）が刊行されました。これは，英国，米国，カナダの国立図書館と図書館協会が共同で編集した，著者基本記入方式の目録規則です。AACR2

は，英語圏だけでなく多くの国々で使われています。日本でも大学図書館では洋書の目録に使われています。

冒頭の「一般的序論」で規則の構造，基本記入，記入の構造，二者択一規定と任意記載事項，言語などについて述べ，第1部で記述，第2部で標目，統一タイトルおよび参照を規定しています。

その後，部分的な改訂がなされ，現在の記述対象には，電子資料や博物館資料にあたる三次元資料も含まれています。

2.9 書誌レコードの機能要件（FRBR）

1998年にIFLA書誌レコード機能要件研究グループは，「書誌レコードの機能要件」[16]（FRBR: Functional Requirements for Bibliographic Records）を発表しました。詳しくは後述しますが，これは，これまでの伝統を背景に，目録の新しい枠組みを示したものです。また，実体関連モデルを使っています。

2.10 国際目録原則覚書

「国際目録原則覚書」（Statement of International Cataloguing Principles）は，これまでの「パリ原則」に代わる指針です。2003年7月から国際目録規則に関するIFLA専門家会議によって検討され，2009年2月に完成しました。今後，どの目録規則もFRBRに基づくものに改訂されていくことになります。

この覚書は，「パリ原則」とはかなり異なっています。例えば一般原則の最初に「記述の作成およびアクセスのための名称の統制形の作成における決定は，利用者を念頭に置いて行

うものとする」と述べ，利用者の利便性が最上位に置かれることを強調しています。また，適用範囲では，図書館だけでなく，文書館，博物館，美術館で作成されるデータファイルにも適用可能と述べ，対象をテキストからなる著作からあらゆる種類の資料にまで拡大しています。

同覚書は，1. 適用範囲，2. 一般原則，3. 実体，属性および関連，4. 目録の目的および機能，5. 書誌記述，6. アクセスポイント，7. 探索能力の基盤，から構成されています。

「国際目録原則覚書」でいう目録の目的と機能とは，①利用者がコレクションの中で書誌的資源を「発見」すること，②ある書誌的資源または行為主体を「識別」すること，③利用者のニーズに合った書誌的資源を「選択」すること，④記述された個別資料を「取得」するかまたはそれに対するアクセスを「確保」すること，⑤目録の中を，そして外へ「誘導」することです。

アクセスポイントに関しては，名称の典拠形，名称の異なる形および識別子を統制するため，典拠レコードの作成が必要なことを述べ，個人や団体の名称では，一般に知られた名称を公式名より優先するよう求めています。

2.11 国際標準書誌記述統合版

2011年にFRBRに基づいて改訂された『ISBD統合版』(consolidated edition) が出版されました。この統合版は，それまで資料別に作られていたISBDを一つにまとめたものです。最初に総則があり，適用範囲や目的のほか，区切り記号法，記述の情報源，誤植の処理などが示され，その後に，エリア

別の記述法が列挙されています。従来のISBDではエリアは8種類でしたが,新しくエリア0として,「内容形式と機器タイプ」が加えられています。これは,記述対象を基本となる内容形式,内容説明,それに再生に用いる機器タイプという三つの面で表現しようとするものです。

2.12 目録規則はどう変わってきたか

　図書館の目録規則の変遷は,大きく五つの時期に分けることができます。まず,目録規則がない,あるいは規則があっても成文化されていない時代がありました。長い図書館の歴史ではこうした時代がほとんどだったといえます。次に,それぞれの図書館が独自の目録規則を作り,使う時代がありました。パニッツィの目録規則はその例ですが,これは他の図書館に影響を及ぼしました。そして,次第に図書館の間で共通する目録規則を作ろうとする機運が出てきました。19世紀後半に米国と英国に相次いで図書館協会が設立され,目録規則の制定はその仕事の一つとなりました。つまり,国内で共通化した目録規則を作った時期がきます。

　その次は,国際的な標準化の時代です。アメリカ図書館協会と英国図書館協会は,19世紀末から70年以上にわたり,共通の目録規則制定のための共同作業を行ってきましたが,一つにまとめることはなかなかできませんでした。しかし,カッターの辞書体目録規則が目録規則の原則となっていきました。

　第二次世界大戦後,IFLAやユネスコによって,各国の国内目録規則の原則を定める活動がありました。これは目録規則

の指針を作り，各国はこれに準拠することにより，目録の共通化をはかろうとするものです。基本記入と標目については，「パリ原則」が合意され，少し遅れて，書誌記述については，ISBDが作られました。こうした国際的な合意が，日本では『日本目録規則新版予備版』から，また，英米では『英米目録規則第2版』に取り入れられて世界中の目録規則の共通化が進みました。

次の転機となったのは，20世紀の終わりにIFLAによってまとめられた，目録の指針であるFRBRの登場です。それまでのパリ原則は，FRBRを取り入れた「国際目録原則覚書」となり，従来のISBDは，やはりFRBRに従い，『ISBD統合版』となりました。各国の目録規則は，FRBR，具体的には「国際目録原則覚書」とISBDに従った改訂を行うことになります。『英米目録規則第2版』は，既に改訂され，この結果がRDAです。日本目録規則も改訂作業が行われています。

近年の目録規則では，標目から書誌記述へと重点が移りました。書誌記述の部分は，次第に複雑になり，大部になる傾向がみられます。現在の日本目録規則やAACR2では，資料の種別ごとに書誌要素と記述規則をあげていますが，『ISBD統合版』では，逆に大きく書誌要素順で構成されていて，その中に資料種別ごとの事例が示されています。どちらの構成をとるにせよ，数多くの事例を示す必要があり，その結果，目録規則は分厚いものとなっています。

また，目録規則で用いられる用語も変わってきています。本に限られる「書名」ではなく，雑誌や画像にも使うことができる「タイトル」となり，「著者名」ではなく，より一般的な「責任表示」が使われるようになっています。また，英語

でも日本語でも,多数の新造語が使われているため,目録規則は取り付きにくいものとなっています。

3章 目録を構成する概念とその変化

3.1 著作の概念

　FRBRにおいて「著作」(work)は，最も重要な概念の一つであり，実体としての「著作」は，「個別の知的・芸術的創造」と定義されています[16]。これまで図書館目録が対象としてきた物理的な形や，文字などで表現されるレベルよりも上位に位置づけられています。目録で言う著作は，著作権の対象となる著作物と似ています。

　著作は，比較的新しい概念です。カッターの辞書体目録規則では，目録の対象は，形を重視した「図書」(book)でした。しかし，さまざまな版をまとめて検索できるようにする必要性が論じられ，目録の集中機能が意識されるようになって，図書という物体を離れた「著作」という概念が使われるようになりました。ルベツキーは，目録の集中機能を著作と結びつけて使っています[17]。「パリ原則」でも，目録の目的に「著作」という表現が使われています。

　マーガレット・ミッチェルの著作 Gone with the Wind は，1936年にハードカバーとして出版され，後に廉価版が出され，日本では，『風と共に去りぬ』という邦訳版が刊行されるなど，さまざまな言語で翻訳版が刊行されました。また，映画やミュージカルにもなっています。これらは，Gone with the

Windという著作から生まれたものであり，相互に書誌的な関係を持っています。著作における集中とは，これらを一つにまとめる機能です。

統一タイトル標目として，例えば「アラビアンナイト」や「千一夜物語」をまとめて「千夜一夜物語」が使われている場合，この統一タイトル標目「千夜一夜物語」が著作を表現しているといえます。

近代以降では，原則として固有のタイトルを持つものが著作ということができます。実際には，タイトルのない著作，同じタイトルでも中身の異なる著作があったり，タイトルが変更されることもあります。

目録規則の変遷において，「図書」は，物理的な面では「資料」や「情報源」にまとめられていく一方，概念的な面では「著作」に変わっていったといえます。

3.2 基本記入方式と記述ユニット方式

19世紀後半から100年ほどの間，カード目録が使われていましたが，この時期の目録規則は，カードに大きく依存していました。図書館の目録が書名，著者名，分類，件名などに分割されたカード目録から構成されている場合，一つの資料について，数枚のカードを用意する必要があります。複製手段がない時代には，作成したカードを手書きやタイプライターで何枚も複製しなければなりませんでした。その手間を軽減するために，まず，必要な項目をすべて記載した基本記入カードを作り，これをもとに記載を簡略化した副出記入カードを作るという方式が考案されました。

基本記入は,『日本目録規則1965年版』では,「図書の検索と識別に必要なすべての事項を記載するもので, 個個の図書に対し, 必ず1つの基本記入を作らなければならない。基本記入とは, 著者名を標目とする著者基本記入か, 書名から記入する書名基本記入かのいずれかである」[12]と定義されています。このように, 基本記入カードの見出しである標目を著者名とするか, 書名とするかは大きな問題となっていました。

　複写機の普及などにより, カードの複製が容易になってくると, 基本記入カードと副出記入カードとの間に区別を設けることに疑問が持たれ始めました。日本目録規則では, 日本独自の記述ユニット・カード方式が採用されることになりました。記述ユニット・カード方式は,『日本目録規則新版予備版』では,「図書の記述を標目とは無関係に完結させ, 必要な標目を指示し, その目録カードを複製して, 指示された各個の標目のもとに各種目録を編成しようとするものである」[13]と説明され, さらに「この方式は, 複数記入制のもとでは, 基本記入方式の諸欠点を解消し, しかも基本記入方式の長所といわれるものをほとんどそこなわないものである」と主張しています。また, さらに踏み込んで基本記入と副出記入とを分けることが目録作成環境の変化により無意味となり, 弊害もあると指摘しています。

　しかし, 記述ユニット・カード方式は, 国際的に見れば少数派のままでした。しかし, RDAでは, もはや主記入(基本記入)という用語は使われていません。

3.3 著者か書名か

　西洋では伝統的に基本記入には著者名を用いています。日本では，中国の影響もあり，目録では書名が重要とされてきました。1930年代に，『日本目録規則』が検討されている時期に，基本記入を著者名とするか，書名とするかで論争がありました。目録の目的や集中機能，あるいは伝統を考慮した結果，基本記入として著者名を採用することに落ち着きました。しかし，この論争が後の日本目録規則において基本記入のない記述ユニット・カード方式の採用に影響を及ぼしたと考えられています。

　西洋の目録規則では，著者名に団体著者も含めるようになっていきました。団体名は，変更されることが多く，個人著者名に比べて不安定な面があります。

3.4 標目とアクセスポイント

　標目とは本来は見出しのことです。リスト形式の目録，あるいはカード目録では，並べ方つまり排列が重要であり，そのためには見出しが必要となります。それぞれの記入は，目録を作成する側と利用する側の双方が理解している排列規則で並べられていることによって，検索ができる仕組みになっています。一般に，著者名，書名，分類記号，件名が見出し，すなわち標目となります。

　しかし，目録がデータベースとなり，OPACで検索されるようになると，見出しとしての標目は，あまり重要ではなくなりました。「国際目録原則覚書」では，「標目」（heading）と

いう用語を使用することをやめています。その代わりに使われているのが、典拠形アクセスポイント（authorized access point），統制形アクセスポイント（controlled access point）という用語です。これまで，漠然と標目をアクセスポイントと呼んだり，統制された著者名や統一書名をアクセスポイントと呼んだりすることがありましたが，「国際目録原則覚書」では，アクセスポイントの種類として，典拠形，統制形のほかに，中核的アクセスポイント，付加的アクセスポイント，さらには非統制形アクセスポイントをあげています。中核的，付加的アクセスポイントは重要度の違いであるにすぎません。統制形アクセスポイントと典拠形アクセスポイントの違いは，3.5 で示します。

「国際目録原則覚書」は，書誌レコードの中核的アクセスポイントとして，作成者の名称，著作や表現形の典拠形のアクセスポイント，体現形のタイトル，出版に関する事項，主題，実体の標準番号などをあげています。

3.5 典拠コントロールと FRAD

図書館目録の機能の一つは，「パリ原則」で述べられているように，その図書館がある特定の著者のどの著作を所蔵しているかを確かめることです。これを実現するには，一人の著者が異なる複数の名前を使っていたり，同じ名前を持つ複数の著者がいても，これらを識別し，一つの統一されたアクセスポイントにまとめたり，別のアクセスポイントとする作業を必要とします。こうした仕組みあるいは作業が典拠コントロールです。もちろん，著者名だけではなく，タイトルや主

題に対しても統一されたアクセスポイントを作り，維持する必要があります。

　それぞれの図書館によって，所蔵している資料は異なりますから，本来は図書館ごとに，典拠コントロールを行う必要があります。典拠コントロールを行うには，まず，新たに蔵書に加わった資料の著者名を著者名典拠ファイルで確認します。既にその著者の典拠レコードがあれば，そこに記載された統一標目を使います。もし，典拠ファイルにその著者の典拠レコードがなければ，新しく典拠レコードを作成し，重複しない統一標目を決めます。その際には，その著者について，氏名や生年，職業などその統一標目を決めた根拠となるデータを集めることになります。

　このように典拠コントロールを行うには，膨大な作業が必要となります。欧米の大きな図書館の中には，典拠ファイルを維持している図書館がありますが，日本では，少数の図書館を除き，ほとんどの図書館は典拠コントロールを行っていません。

　日本では，1980年代に学術情報センター（現・国立情報学研究所）の書誌ユーティリティである目録所在情報サービスNACSIS-CATが開始されるとき，典拠レコードの作成を必須にしようとしたところ，大学図書館側からの反発が大きく，実現できませんでした。

　典拠ファイルを持たなくても，簡易な方法で統一標目の管理を行うことは可能であり，また，大きな図書館が公開している典拠ファイルを準用することもできます。

　日本では，国立国会図書館が「国立国会図書館典拠データ検索・提供サービス」を提供していて，例えば次のような典

3章　目録を構成する概念とその変化………25

拠レコードを提供しています。

標目　北, 杜夫, 1927-2011（キタ, モリオ, 1927-2011）
別名　（を見よ参照）きた, もりお；斎藤, 宗吉（本名）
生年　1927
没年　2011
出典　没年：読売新聞（20111026）
　　　奥付（本文・カバーを含む）
　　　どくとるマンボウ航海記

　この例では，典拠形アクセスポイントは，「北, 杜夫, 1927-2011」です。本名の「斎藤, 宗吉」は異形（variant）と呼びます。典拠レコードに記録される典拠形と異形をあわせて統制形アクセスポイントと呼びます。

　FRBRが出版された後，IFLA目録分科会は，続いて「典拠データの機能要件」（FRAD: Functional Requirements for Authority Data）を検討するワーキンググループを設けましたが，その報告書は，2009年に刊行されました。これは，FRBRと同じく実体関連モデルを用い，FRBRで定めた実体の典拠コントロールを扱っています。

　国際目録原則覚書やFRADでは，統制形アクセスポイントは，従来の「名称」に加えて「識別子」を基礎としています。個人の場合，名称とは氏名ですが，例えば社会保険番号が識別子となります。

　識別子を使えば，図書館の典拠では管理の作業を識別子の管理機関に委ねることができます。また，書誌レコードを識

別子で構成しておいて,表示のためのデータはリンク機能によって入手し組み立てるといった目録レコードの新しい方向も考えられます。

FRADは,FRBRと同じように重要な役割を担っていますが,典拠コントロールに直接かかわる図書館や機関は減少しているため,幅広い関心を呼ぶに至ってはいません。

3.6 資料の識別

図書館の蔵書の中身は長い間,単行書,つまり普通の本でした。図書館目録も,単行書を対象としてきました。次に目録規則の対象となったのは,雑誌や新聞などの逐次刊行物でした。単行書と逐次刊行物とは,資料としての特徴が大きく異なり,目録に記録する項目も方法も違っていました。そのため,逐次刊行物専用の目録規則が作られたことがあります。しかし,やがて,汎用の目録規則に逐次刊行物が付け加わるようになりました。さらに,独立して扱われることの多い楽譜と地図が目録規則の中で取り上げられるようになりました。こうして次第に目録規則の中で扱われる資料の種類が増えていきました。

1967年の『英米目録規則北米版』は,標目と記述の部に分かれていますが,記述の部で単行書,逐次刊行物,インキュナブラ,写真およびその他の複製(マイクロ資料)を取り上げ,さらにこれらとは別に独立して,「非図書資料」として写本,地図,楽譜,聴覚資料,絵画の標目と記述がありました。さらに,AACR2では,博物館の収蔵物も目録の対象とされ,そのために「三次元工芸品・実物」が加わりました。

「日本目録規則 1987 年版」では，まず記述の総則があり，続いて，図書，書写資料，地図資料，楽譜，録音資料，映像資料，静止画資料，電子資料，博物資料，点字資料，マイクロ資料，継続資料の記述の規則が示されています。点字資料は，日本特有の資料種別です。

AACR2 の「タイトルと責任表示エリア」の記述には，資料の種類を示すために「一般資料指示」（GMD: General Material Designation）と呼ばれる指示を行う任意規定があります。目録レコードの対象となっている資料がマイクロ資料であれば，GMD として「microform」と記載します。この GMD は，目録で表示されるため，利用者にとっては，資料の種類を知る上で便利なものです。「日本目録規則 1987 年版」でも「資料種別」として採用されています。

しかし，AACR では GMD で用いる表現を当初，英国と米国，カナダの間で統一することができませんでした。「地図」に対し英国では cartographic materials，北米では map あるいは globe を使いました。また，GMD のほかに「特定資料指示」（SMD: Special Material Designation）もありました。

このように，これまでは，十分な検討のないまま，新しい資料の種類をその時々の必要に応じて目録規則に組み込んできました。そのために混乱を引き起こしている面があることは否めません。

目録規則で資料をどのように認識し，分類するのかは次第に重要な課題となってきました。『ISBD 統合版』は，新設のエリア 0「内容形式と機器タイプ」によってこれに応えようとし，目録対象の「内容」を，表に示すような内容形式（content form term），内容の特性（content qualification），機器タイプ（media type term) の三つの側面から表現しようと試みました。

なお RDA では、『ISBD 統合版』とは異なる資料の種別が用いられています。

表1　ISBD 統合版の資料種別

内容形式の用語	内容の特性		機器タイプの用語
データセット	タイプ	地図	オーディオ
画像		記譜	電子
動作		実演	マイクロ
複合内容形式	動作の有無	動態	顕微鏡
音楽		静態	複合機器
物体	次元	2次元	他の機器
プログラム		3次元	映写
音声	感覚特性	聴覚	立体映写
話声		味覚	機器不用
テキスト		嗅覚	ビデオ
他の内容形式		視覚	

注　松井純子『ISBD 統合版の研究』. 図書館界, 65 (2), p.162-172 (2013) に基づいて作成

これらは試行段階で、今後も検討が必要と考えられます。

3.7 転記の原則

目録の書誌記述の基盤は、転記（transcription）の原則です。「日本目録規則」は、「資料を記述するとき、つぎの書誌的事項は、原則として記述対象資料に表示されているままに記録する」と転記の原則を示しています。なお、次の書誌的事項

としては，タイトル，責任表示，版，出版事項，シリーズがあがっています。

目録を作る作業において，対象資料からの正確な転記が基本であることは，東西を問わず古代からまで暗黙のうちに認められ守られてきました。最近では目録規則に明記されるようになりました。『ISBD統合版』でも転記は大きく取り扱われています。

転記のためには，目録の対象資料に対して情報源を選定し優先順位を与えることが必要となります。例えば，図書のタイトルや著者名の第一優先順位の情報源は，標題紙かその代替物が優先される情報源です。このように転記の原則と情報源はひと組になっていますが，資料の種別によって異なります。

実際には，転記の原則を守ることができない事例が数多くあります。日本語では，漢字などの字種，英語では大文字使用法などの問題があります。明らかな誤植があったときの対処のしかたも目録規則で明記されるようになりました。つまり，転記の原則を運用するためには，目録規則でさまざまな事例をあげておく必要があります。

3.8 区切り記号法

国際標準書誌記述では，書誌事項の識別をしやすくために，書誌レコード中の書誌要素の間にあらかじめ定めた記号を挿入する方法が導入されました。この区切り記号法は，世界共通の規則で，あらゆる言語に適用されます。以下は，区切り記号法を使って表示した例です。

```
鉄道ダイヤのつくりかた / 富井規雄編著
東京：オーム社，2012.3
```

　上記の「/」は，タイトルと責任表示，「:」は，出版地と出版者，そして「,」は出版者と出版年を区切っています。こうした区切り記号を用いることにより，馴染みのない言語でも，どの文字列がタイトルであり，出版者であるかの判断ができます。また，コンピュータのプログラムで判定ができます。

　日本では，文字列にこうした記号を挿入する習慣がなかったこともあり，ISBDを適用したにもかかわらず，『日本目録規則新版予備版』では，書誌事項の間に空白を入れる「字あけ」で対応し，ISBDの区切り記号を採用しませんでした。ようやく，『日本目録規則1987年版』から導入されました。AACR2では，途中から区切り記号法を採用しています。

　区切り記号は，書誌レコードの書誌事項が，項目別に表示されることが多くなった環境では，その重要性は低くなっています。RDAでは区切り記号については，付録を除いては言及されていません。

3.9 標準番号

　国際標準図書番号（ISBN: International Standard Book Number）のもととなる図書の標準番号付与は，約50年前に英国で始まりましたが，日本では1980年代から徐々に広まりました。これは，図書に一意の番号を与えるものですが，多様な用途があることはなかなか理解されませんでした。現在では，出版流通で使われ，アマゾンのようなオンライン書店が管理に

用いています。

　目録規則では，早くからISBNを記録することを定めています。国際標準番号としては，他に逐次刊行物のISSN（International Standard Serial Number），楽譜のISMN（International Standard Music Number）などがあります。これらの標準番号は，OPACの横断検索のときの検索キーとして使われています。

　目録規則の検討の中では，前述のように識別子と呼ばれる識別番号をさまざまな対象に広げていこうとしています。著者となる個人ばかりでなく，著作の標準番号を制定することも検討されました。しかし，国際標準著作番号は維持管理する機関がないために頓挫しています。

4章 RDAの背景

4.1 デジタル化と目録

20世紀後半から現在まで続いている大きな変化は，記録がデジタル化され，電子的な形態をとるようになったことと，離れた場所でもオンラインで入手できるようになったことです。このデジタル化とオンライン化は，目録に二つの面で大きな影響を及ぼしてきました。一つは，目録の対象となるメディアの変化であり，もう一つはカード目録からOPACへの変化です。

(1) デジタル化資料

1980年代頃を中心に，メディアは多様化していると言われた時期がありました。画像や映像，あるいは音声の記録媒体としてビデオテープやCDといった新しい媒体が次々と生まれ，今後は多様なメディアが共存する時代になると考えられていました。そのため，目録規則にも次々にこうした新しい媒体の記述規則が取り入れられていきました。

しかし，実際には，新しい記録媒体が使われる期間は短く，次に出現した媒体にすぐに置き換わるだけであるということがわかってきました。音楽場合は，LPレコードの後，カセットテープや，CDなどを経て，現在はmp3のような音楽ファ

イルに移っています。

　そして，多様化の時期を経て，どのメディアもデジタル形態になり，ネットワークによって提供されるようになることが明らかになってきました。デジタル形態のメディアは，記録形式の違いはあっても，文字，画像，映像，音声を同じ方式で記録します。そして，それぞれに対応した再生機器ではなく，コンピュータで再生可能となっています。メディアの種類としての「コンピュータファイル」や「電子資料」という用語は今では適切ではなくなりました。こうした反省から，『ISBD統合版』やRDAでは記述対象資料の種類の見直しが行われていますが，必ずしも合意が得られる段階には至っていません。

　一方では，データベースや電子ジャーナル，電子書籍のようなオンラインで利用する資料が次第に大きな位置を占めるようになりました。こうしたオンラインで使う資料の検索は，図書館目録とは別のシステムで提供されることが多くなっています。しかし，利用者側からみれば，印刷版の資料の有無はOPACで確かめ，オンライン版は別のシステムで探すというのは，望ましいことではありません。統一した一つのアクセス手段を利用者に提供することが必要となります。

　このように，デジタル形態の資料の扱い方，オンライン提供される資料をどのように目録に取り込むのかが課題となっています。

(2) カード目録からOPACへ

　カード目録は，目録カードやそれを格納する目録カードケースといった形のあるものでした。しかし，現在では，目

録はデータベースとなっていて、ディスプレイ上で表示される物理的な形を持たない存在になっています。目録データベースを検索システムで検索するサービスを図書館では「OPAC」や「蔵書検索」と呼んでいます。今でも目録ということばには、カード目録というイメージがつきまとっています。

　カードから離れて目録を考えるのはなかなか難しいことでした。目録カードを作成する際には、標目や書誌記述、請求記号の記入する位置は決まっていて、その位置を守ることがかなり重視されていました。また、目録カードをカードケースに排列する際の順序は重要であり、詳細な排列規則が作られていました。目録を作成する作業には、こうしたカード目録特有の決まり事を覚える必要があり、また、目録利用者にもこうした約束事を理解するよう暗黙のうちに求めていました。

　現在のように目録がデータベースとなり、情報検索システムで検索するようになった結果、目録の作成は、カードへの記入ではなく、コンピュータへの入力に変わりました。そこでは、書誌事項の記載位置や細かな排列規則は不要となりました。新しく、入力のための規則が必要となりました。

　カード目録の利用者は、カード目録の設置された場所でしか利用できず、また、探索する場合には、カードケースの間を行き来する必要がありました。初期のOPACは図書館の中でしか利用できませんでしたが、ウェブによって提供されるようになり、毎日24時間、図書館外からの利用が可能になりました。

　日本図書館協会目録委員会の調査によれば、日本では1980年からOPACの導入が始まり、大学図書館では1993年頃に、

公共図書館では1997年頃に約半数の図書館が目録はOPACとなっていました。2003年には9割になっています。さらに，1990年代中頃からウェブによる提供が始まり，大学図書館では2005年頃に，公共図書館では2009年頃に9割を超える図書館が，ウェブ版OPACを提供しています。

現在の図書館では，カード目録はなくなり，ウェブを使った目録を提供しています。さらに，利用者一人一人の貸出状況を管理し，予約もできるマイライブラリー機能が整備されました。

目録がカードからウェブによるOPACに変わり，いつでもどこでも利用できるようになり，利用者にとって大変便利になったといえます。また，OPACの利用者数，つまり目録の利用者が飛躍的に増えました。これまでは，目録の利用者数は，それほど多くはありませんでした。特に開架式の図書館では，利用者は直接に書架に向かうことが多く，目録はほとんど利用されることはありませんでした。しかし，今では，図書館のウェブサイトで最もアクセス回数が多いのは，OPACとなっています。

現代は，これまでになく，目録が利用される時代になっているということができます。

4.2 目録レコードの調達

目録作成の作業は，この30年ほどの間に大きく変化しました。目録作成の作業の中心は，目録を独自に作成することではなく，外部から目録レコードを取り入れる作業になりました。

世界的にみれば、OCLCに代表される書誌ユーティリティを通じた目録作成作業が中心となっています。書誌ユーティリティには巨大な目録データベースがあり、これを検索して、目録レコードを入手する方法です。目録レコードをダウンロードする際に、所蔵データをアップロードするので、書誌ユーティリティには、自動的に総合目録が形成されていくという大きな利点があります。

　日本の大学図書館の9割以上は、国立情報学研究所の書誌ユーティリティであるNACSIS-CATを使っています。国外を含め1,250機関以上が参加しているNACSIS-CATは、2012年に図書の書誌レコード件数が1,000万件を超えています。毎日、5,000端末が接続されて国内外の目録担当者が目録作成作業を行っています。つまり、NACSIS-CATを使っている目録担当者が約5,000人いることになります。

　一方、日本の公共図書館の大多数は、目録レコードを作成する民間企業を利用する方式をとっています。図書館流通センター（TRC）を代表とするこうした機関は、新刊の本や雑誌を出版と同時に入手し、短時間で目録を作成する体制を整えています。作成された目録レコードは、サーバーからダウンロードする仕組みになっています。各図書館は、ダウンロードしたレコードを、その図書館のOPACのデータベースに追加すれば、目録として利用できるようになります。

　日本では、すべての本の目録を作っているのは国立国会図書館とTRCなど少数の機関となっています。

　各国の全国書誌作成機関は、目録レコードを独自に作ってきましたが、経済的な理由から米国議会図書館のように外部からの調達を考える国立図書館も出てきました。日本の国立

国会図書館も同様です。どの図書館もかつてのように大勢の目録担当者を雇用し続けることは困難となり，書誌ユーティリティを含め，外部で作成された目録レコードを使うようになりました。

また，NACSIS-CAT を利用する図書館では顕著なことですが，目録作成の作業は，検索主体の比較的単純な作業と，目録レコードを新しく作成する高度な目録の知識を必要とする作業とに分かれる傾向があります。

このように，図書館が目録レコードを外部から得ることが一般化してきました。しかし，その場合には合意された目録規則に基づいた一定の質を持つ目録レコードが提供されることが前提です。図書館の目録の質は，利用者からも問われる時代になっています。したがって，目録規則についての知識は，図書館員の基盤的知識であることに変わりはないといえます。

4.3 利用者指向

「国際目録原則覚書」の最初に「記述の作成およびアクセスのための名称の統制形の作成における決定は，利用者を念頭に置いて行うものとする」とあり，利用者の利便性が目録作成の最上位に置かれることが強調されています。

さらに，「国際目録原則覚書」でいう目録の目的と機能では，FRBR の利用者タスクを受けて，①利用者がコレクションの中で書誌的資源を「発見」すること，②ある書誌的資源または行為主体を「識別」すること，③利用者のニーズに合った書誌的資源を「選択」すること，④記述された個別資料を「取

得」するかまたはそれに対するアクセスを「確保」すること，⑤目録の中を，そして外へ「誘導」することである，としています。

このように，最近では，目録の分野でも利用者の利便性を第一とし，利用者の行動に沿った提供を目指す利用者指向の考え方が強調されるようになっています。

図書館目録は，蔵書管理の手段として出発したことは確かですが，蔵書探索手段としては，利用者を強く意識してきたことは確かです。カッターの目録の原則も利用者指向であり，それはFRBRを経て，RDAにも反映されています。

第 II 部

FRBRとRDA

1章 RDAとは

　第Ⅰ部でみてきたように，目録を取り巻く環境は大きく変わってきました。そのため従来のAACR2では対応することが難しくなってきましたので，AACR2を改訂した新しい目録規則が必要となりました。こうして制定されたのがRDAです。RDAにはどのような特徴があるのでしょうか。

　RDAは序文の最初に「資源発見を支援するデータを記録するガイドラインとインストラクションを提供する」(RDA 0.0)とうたっています。AACR2の場合は「これらの規則はあらゆる規模の一般図書館における目録およびその他のリストの構築に使用されるために設計された」(AACR2　0.1)というものでした。つまり，AACR2はその名のとおり図書館の所蔵目録を作成するための規則であったのに対して，RDAは図書館が所蔵している資料に限らず，広く情報資源を発見するためのツールを作成する指針という目的の大きな転換があることがわかります。

　そしてそのために各章に「目的と展望」の項を設け，何のためにそれらの規定があるのかを明確に示しています。実際に書誌レコードを作成するにあたって判断に迷うときには，そもそもなぜこの規定があるのか，何を優先させるべきなのかを基準として判断することになります。

　この章では，この目的を果たすためにRDAにはどのよう

な特徴があるかを見ていきます。

1.1 利用者のタスク

　RDAの特徴の一つとして，利用者から見て使いやすく役に立つツールを作成する，というものがあります。そのためにFRBRの考え方を導入して，発見，識別，選択，入手という四つのタスクを想定しています。

　まず，求める資料を検索できなければなりません。それが「発見」です。タイトルや著者名やISBNを使って，データベースを検索する場面を想像すればよいでしょう。

　検索した結果としてヒットしたデータが複数ある場合，どれが本当に自分が求める資料なのかが判別できなければなりません。これが「識別」です。例えば，ある映画のDVDを探している場合に，ヒットした二つのレコードのうち，一つがDVDで，他の一つがBlu-rayだということがわかれば，自分が探しているのは前者であるということがわかります。

　しかし利用者が資料を検索する場合，特定の資料を求める場合ばかりとは限りません。具体的にどの資料かはわからないけれども，こういう資料はないだろうか，と漠然とした検索を行う場合も多いのです。このような場合に，複数ヒットしたデータの中から，自分にふさわしい資料を選ぶための情報が必要です。先ほどの映画の例でいえば，DVD版とBlu-ray版を示すことで，利用者がどちらを選べばよいか判断するための情報を提供することになります。これが「選択」ということです。

　この識別と選択という二つのタスクは利用者が資料を探す

場合の行動パターンの違いであって，レコードの情報として必要とされるものは同じものであると考えられます。しかし，例えばヒットしたレコードが1件しかない場合には識別という言い方は不適切ですから，識別と選択という両方の場面を想定しているのだと考えられます。

データベースを検索して，たくさんのデータがヒットしたとしても，その情報を見たり，借りたり，買ったりするためにどうすればよいのかがわからなければ，ヒットしたデータは役に立ちません。その図書館のどこに置いてあるのか，借り出せるのか，などの情報を提供する必要があります。これが「入手」にあたります。

そしてこのような利用者重視の視点により，求める資料とデータとを見比べやすいように，なるべく資料中に表示してあるとおりにそのまま転記する，利用者にわかりにくい略語を使用しない，といった原則が導入されています。

1.2 内容と記述の分離

RDAは資源をどう記述するかを規定するもので，入力したデータをどう表示するかは規定していません。そのためにデータの要素間の区切り記号を規定することはせず，データ要素を細分化して細かな単位として扱っています。

そのため，RDAに基づいて作成したデータを多くの表現方式，例えば，MODS, MARC21, Dublin Coreなどで使用することができます。RDAは図書館だけでなく，他の情報コミュニティに適用できるよう考えられているのです。

1.3 資源の記述とアクセスの他の標準との関係

RDA は RDA/ONIX フレームワークにも適合しています。

また，RDA の設計にあたってはアーカイブや博物館，出版社，セマンティックウェブなど，他のメタデータの標準をも考慮していて，これらの他の標準と相互に運用することを目指しています。

1.4 概念モデル（FRBR）

RDA には元となった概念モデルがあります。そのモデルに基づいて全体の構成をはじめとしてさまざまな規則が規定されていますので，RDA を使うためにはどうしてもこの概念モデルを理解する必要があります。本節では RDA の背景にある FRBR（Functional Requirements for Bibliographic Records ＝ 書誌レコードの機能要件）について解説していきます。

FRBR は，書誌レコードにはどのような情報が必要であるのかについて，データベースの設計技法の一つである「実体関連モデル」を使って考察したものです。

まず実体について見てみます。

FRBR における実体としては，知的・芸術的活動の成果である第 1 グループと，第 1 グループの内容や製作・頒布，管理に責任を持つ第 2 グループ，そして第 1 グループの主題となる第 3 グループがあります。

さらに第 1 グループには，著作，表現形，体現形，個別資料という四つの実体があり，第 2 グループには個人，団体という二つの実体，第 3 グループには概念，物，出来事，場所

という四つの実体があります（図1）。

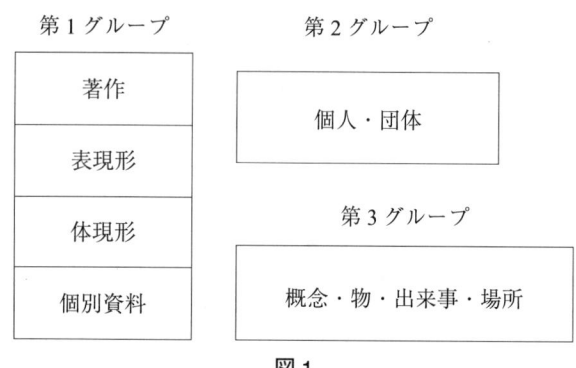

第1グループ

| 著作 |
| 表現形 |
| 体現形 |
| 個別資料 |

第2グループ

| 個人・団体 |

第3グループ

| 概念・物・出来事・場所 |

図1

　第2グループの個人・団体や第3グループの概念・物・出来事・場所は日常使用する語と同じ意味ですので説明は不要だと思いますが，第1グループの著作，表現形，体現形，個別資料というのは，馴染みのない言葉が並んでいます。しかし，FRBRといえばこの著作，表現形，体現形，個別資料が思い浮かぶくらい重要な概念ですので，少し詳しく見ていきます。

　著作は，定義としては「個別の知的・芸術的創造」です。漠然と作品を指し示すもので，文字や映像などの具体的な形に表現されていないものです。

　表現形は，著作が言語や版により特定されたもので，「著作の知的・芸術的実現」と定義されています。これら著作と表現形は形を持ちませんので，手で触ったり目で見たりすることはできません。

　体現形は，「著作の表現形の物理的な具体化」であり，表現

形が具体化されて出版事項や形態により特定されたもので，印刷された紙の本や記録されたディスクなどの容れ物を指します。現在単行本について書誌レコードを作成しているときに対象となっているものを思い浮かべていただければけっこうです。

　個別資料は「体現形の単一の例示」と定義されます。個々の一冊一冊の本のことです。大きな書店ではベストセラーが書棚の前に平積みになっていますが，このひとかたまりは体現形としては同じものであり，個別資料はこの平積みの中の一冊一冊を区別して捉えるものです。

　これらのことを吉本ばなな著『キッチン』を例にして見てみます。

　『キッチン』は，1988年に福武書店から単行本が刊行され，その後1991年に福武文庫として刊行され，さらに1998年には角川文庫としても刊行されました。また，英語訳や中国語訳も出版されています。

　映画化もされました。1989年に森田芳光監督『キッチン』，そして1997年のイム・ホー（嚴浩）監督『我愛厨房／Aggie et Louie』です（図2）。

　これらの作品のうち，同じ著作を四角で括ったのが図3です。単行本も文庫本も英語訳も中国語訳も，すべて同じ著作とみなされます。ただし映画は小説とは別の著作ですし，同じ映画でも監督が異なる別の映画は別の著作です。

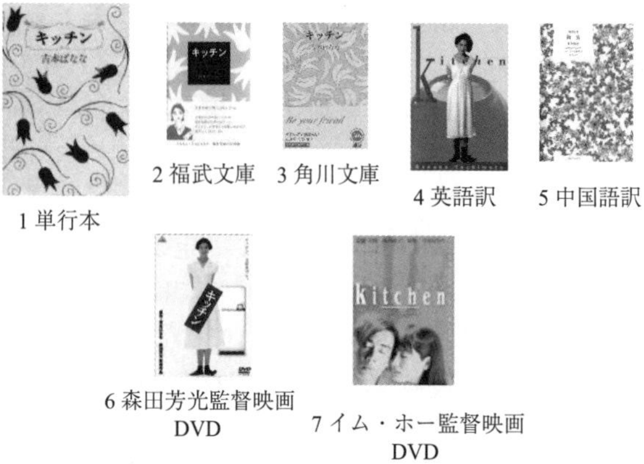

1 単行本　2 福武文庫　3 角川文庫　4 英語訳　5 中国語訳

6 森田芳光監督映画 DVD　7 イム・ホー監督映画 DVD

図2　いろいろな『キッチン』

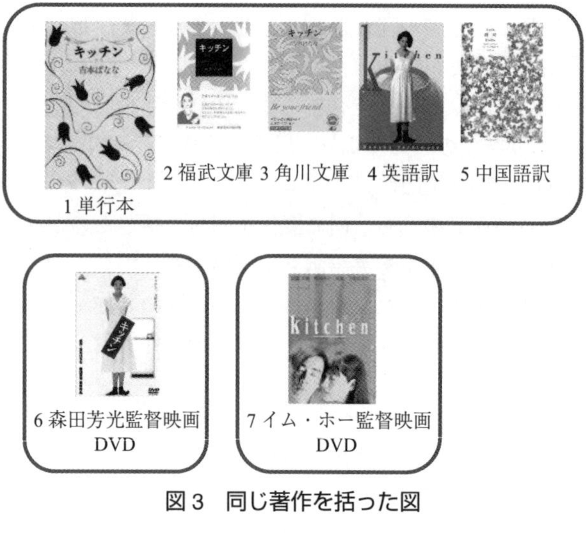

1 単行本　2 福武文庫　3 角川文庫　4 英語訳　5 中国語訳

6 森田芳光監督映画 DVD　7 イム・ホー監督映画 DVD

図3　同じ著作を括った図

次に同じ表現形の資料を四角で括ったのが図4です。表現形は著作が言語や版などにより特定されたものですから，単行本も文庫版も中身が同じなので同じ表現形ですが，これら日本語版と英語訳や中国語訳はそれぞれ別の表現形になります。

同じ体現形で括ったのが図5です。この図の中には同じ体現形のものはありませんので，すべて別の体現形となります。

またこれらはすべて別の個体ですので，個別資料としてもすべて別のものになります。

1 単行本　2 福武文庫　3 角川文庫　4 英語訳　5 中国語訳

6 森田芳光監督映画 DVD

7 イム・ホー監督映画 DVD

図4　同じ表現形を括った図

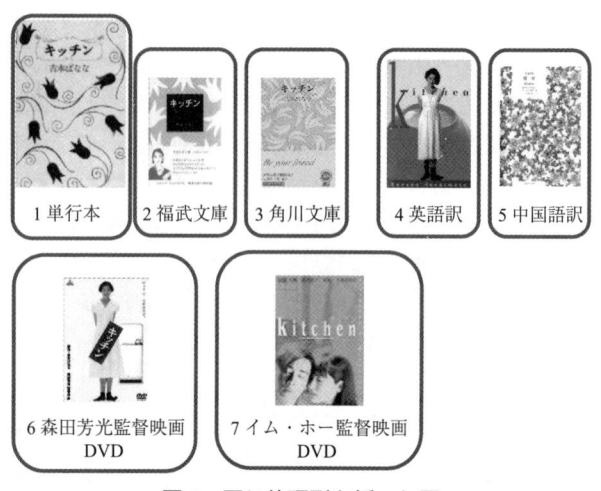

図5　同じ体現形を括った図

　次に関連について見てみます。
　第1グループのそれぞれの実体は，図6のような主要な関連を持ちます。

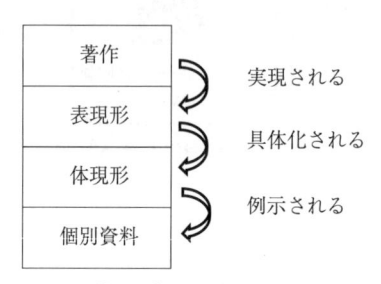

図6　第1グループの主要な関連

50 ……… 第Ⅱ部　FRBRとRDA

第2グループは，第1グループに対して責任性の関連を持ちます。つまり，著作は個人・団体によって創作され，表現形は実現され，体現形は制作され，個別資料は所有される，という関連があります。

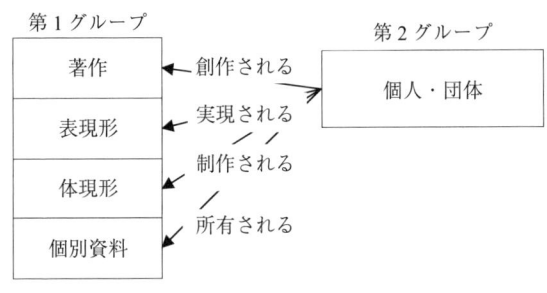

図7　第1グループと第2グループの責任性の関連

　第3グループは著作の主題を表しますが，第1グループや第2グループの実体も著作の主題となり得ますので，図8のような関連になります。

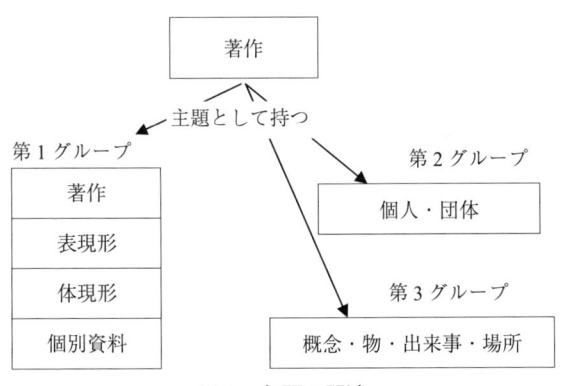

図8　主題の関連

RDAは以上のような実体と関連の捉え方に基づいて規定されています（第2グループはFRAD（Functional Requirements for Authority Data）に基づいて家族が追加され，個人・家族・団体となりました）。

1.5 目的と原則

RDAは『国際目録原則覚書』に基づいて，以下にあげる目的と原則を掲げています。

目的
(1) 利用者の要求に応える
　データはユーザーに対して以下のことを可能にするものでなければならない。
① 発見
・ユーザーが検索しようとした資料に一致するものを発見する
・特定の著作や表現形を具体化したすべての資源を発見する
・特定の個人・家族・団体に関係するすべての資源を発見する
・ある主題に関するすべての資源を発見する
・利用者が検索した結果に関連する著作，表現形，体現形，個別資料を発見する
・利用者が検索しようとしたものに一致する個人・家族・団体を発見する
・利用者の検索結果である個人・家族・団体に関連する個人・家族・団体を発見する

② 同定
- 記述された資源を同定する(すなわち,探している資料とデータに記述されている資料とが一致することを確認する,もしくは似たような複数の資料についてそれらを区別する)
- データにより示された個人・家族・団体を同定する(すなわち,探している実体と記述された実体とが一致することを確認する,もしくは同じか似たような名前の複数の実体を区別する)

③ 選択
- 資料が収められている媒体であるキャリアの物理的な形態的特徴や,フォーマットやエンコードについて,利用者の要求に合致する資源を選択する
- 形態や視聴対象者,言語などについて,利用者の要求に合致する資源を選択する

④ 入手
- 資源を入手する(すなわち,購入する,借りる等の方法により資源を得る,もしくはオンライン資源にアクセスする)

⑤ 理解
- 複数の実体の間の関連を理解する
- 記述されている実体と一般に知られている名称との関連を理解する(例えば,名称の別言語の形など)
- なぜその名称やタイトルが選定名や実体のタイトルとして選ばれたのかを理解する

(2) 費用対効果

情報は,利用者のタスクに対して,費用対効果に見合う機能要件を満たすものでなければならない。

(3) 柔軟性

データは,格納したり他の機関とやり取りするためのフォーマット,メディア,システムから独立して機能しなければならない。

(4) 継続性

データは,既存のデータベース(特にAACR2やその他の標準を用いて展開してきたもの)と統合的に扱えなければならない。

原則

(1) 識別

資源を記述したデータは,記述された資源と他の資源とを識別できなければならない。

(2) 十分

資源を記述したデータは,利用者が特定の資源を選択する際の必要に十分に応えるものでなければならない。

(3) 関連

資源を記述したデータは,記述された資源と他の資源との関連を十分に示さなければならない。

資源にかかわる実体を記述したデータは,その実体と他の実体とのすべての重要な書誌的関連を反映しなければならない。

(4) 表現

資源を記述したデータは,資源そのものの表現を反映させなければならない。

(5) 正確

資源を記述したデータは,資源の一部である情報源にある,

曖昧な，わかりにくい，誤解を招く表現を修正し明確にするための補足的な情報を提供しなければならない。

(6) 属性

資源と，その資源に関係する個人・家族・団体との関連を記録したデータは，その属性が正確かどうかにかかわらず，責任性の帰属を反映しなければならない。

責任性の帰属は，資源そのもの，もしくは参考資料に見出される。

(7) 普通の使用法

資源そのものから転記するのではないデータは，データを記録するために選択した言語や文字について普通の使用法を考慮したものでなければならない。

(8) 統一性

大文字使用法，省略形，エレメントの順序，区切り記号法などの付録は，資源を記述したデータや資源に関係する実体を表す際の統一性の向上に役立たなければならない。

1.6 構成

RDAの目次は図9のようになっています。著作，表現形，体現形，個別資料という，FRBRの実体が扱われているのがわかります。とはいえ，似たような言葉が並んでいるため，一見しただけではそれぞれの章がどう違うのかがわかりません。ここではRDAの目次を見ながらその構成を見ていきます。

> セクション 1：体現形と個別資料の属性の記録
> セクション 2：著作と表現形の属性の記録
> セクション 3：個人・家族・団体の属性の記録
> セクション 4：概念・物・出来事・場所の属性の記録
> セクション 5：著作，表現形，体現形，個別資料の間の主要な
> 　　　　　　関連の記録
> セクション 6：個人・家族・団体との関連の記録
> セクション 7：概念・物・出来事・場所との関連の記録
> セクション 8：著作，表現形，体現形，個別資料の間の関連の
> 　　　　　　記録
> セクション 9：個人・家族・団体の間の関連の記録
> セクション 10：概念・物・出来事・場所の間の関連の記録
> 付録

図9　RDAの目次

　目次には書かれていませんが，RDAは大きく二つの部分に分けられます。前半はセクション1からセクション4までで，ここではそれぞれの実体の属性を記録するしかたを規定しています。後半のセクション5から10では，実体と実体の関連を記録することを規定しています。

セクション1：体現形と個別資料の属性の記録

　体現形と個別資料は，ともに具体的な，目に見える容れ物のレベルであるため一つのセクションにまとめられています。ただし，本文中には，体現形についての規定なのかあるいは個別資料についての規定なのかが，小見出しの形で明示されています。

体現形の属性には，その資料のタイトルや責任表示，出版事項，形態事項などがあります。現在，書誌レコードとして記録している内容がほぼこれに該当します。個別資料の属性は，ある特定の資料だけにかかわる情報です。所有者に関する情報や，書き込みや汚損の状態，図書館で一冊一冊の資料に貼付したバーコードの番号，配架場所の情報などがあります。

セクション2：著作と表現形の属性の記録

著作と表現形はいずれも抽象的な，目に見えない内容のレベルですので，これらも同じセクションにまとめられています。著作の属性には著作のタイトルや形式などがあり，表現形の属性にはコンテンツ種別や言語などがあります。

セクション3：個人・家族・団体の属性の記録

セクション3ではFRBRの第2グループの属性を記録するしかたを規定しています。おもな属性としては，氏名や団体名などの名称，生年月日や設立年などの年，出身地や設立場所などの場所などがあります。

セクション4：概念・物・出来事・場所の属性の記録

最後のセクション4はFRBRの第3グループを扱います。ただしこのセクションは，16章の「場所」以外はまだ刊行されていません。「場所」についても主題としての場所は未刊で，現在規定されているのは個人・家族・団体の属性としての場所のみです。これについてはAACR2にも規定がありましたので，それを援用しています。

セクション5から10までが後半です。

第1グループ，第2グループ，第3グループそれぞれにつ

いて，2セクションずつあります。どこが違うのかわかりやすいように，違うところを太字にしてみましょう。

セクション5「著作，表現形，体現形，個別資料**の間の主要な**関連の記録」
セクション6「個人・家族・団体**との**関連の記録」
セクション7「概念・物・出来事・場所**との**関連の記録」
セクション8「著作，表現形，体現形，個別資料**の間の**関連の記録」
セクション9「個人・家族・団体**の間の**関連の記録」
セクション10「概念・物・出来事・場所**の間の**関連の記録」

著作，表現形，体現形，個別資料については，最初のセクション5は「主要な関連」，二つ目のセクション8は「の間の関連」，個人・家族・団体については最初のセクション6が「との関連」，二つ目のセクション9は「の間の関連」，概念・物・出来事・場所も最初のセクション7が「との関連」で二つ目のセクション10が「の間の関連」です。

つまりこの後半部分もさらに「主要な関連」「との関連」を扱うセクション5からセクション7の前半部分と，「の間の関連」を扱うセクション8からセクション10の後半部分に分けられるのです。

前半部分のセクション5からセクション7は，資料そのものを中心とした関連で，「との関連」というのは記述対象資料と三つのグループとの関連という意味です。

セクション5：著作，表現形，体現形，個別資料の間の主要な関連の記録

　記述対象資料の著作，表現形，体現形，個別資料を記録します。ここで扱うのはいずれも記述対象資料そのものですので，第2グループや第3グループとの関連を表すセクション6やセクション7のように「との」という表現が使えません（セクション6やセクション7では，記述対象資料とそれ以外の個人などや概念などとの関連を記録しますので「との」という表現になっています）。そのため「間の」という語が使われていますが，後のセクション8と区別するためにこのセクション5は「主要な関連」という表現になっています。

セクション6：個人・家族・団体との関連の記録

　記述しようとする資料と，その資料に直接関係のある個人・家族・団体との関連を記録します。著者，訳者，出版者などが代表的なものです。

セクション7：概念・物・出来事・場所との関連の記録

　記述しようとする資料と，その資料に直接関係のある概念・物・出来事・場所との関連を記録します。その資料の主題のことです。

　セクション8からセクション10は「間の」関連です。

セクション8：著作，表現形，体現形，個別資料の間の関連の記録

　記述しようとする資料と，それと関連のある他の著作，表現形，体現形，個別資料との関連です。例えば小説とそれを映画化した著作や，原著とそれを他の言語に翻訳した表現形などがあります。

セクション9：個人・家族・団体の間の関連の記録

　ある個人・家族・団体とその他の個人・家族・団体との関連です。ある個人はある家族のメンバーだったり，ある団体の会員だったりしますが，このような関係を表します。

セクション10：概念・物・出来事・場所の間の関連の記録

　ある概念・物・出来事・場所とその他の概念・物・出来事・場所との関連です。

1.7 コアエレメント

　AACR2では，記述の精粗の目安として，第1レベルから第3レベルの3段階のレベルを設定していました。目録規則としては詳しく規定するけれども，実際に目録を作成する場合はそのすべてを記録しなくてもよい，とされていました。逆に，最も簡略に記録する場合でも，第1レベルの情報はあれば必ず記録しなければなりません。例えばタイトルについていえば，本タイトルは必ず記録しなければなりませんが，並列タイトルやタイトル関連情報は記録しないという方法も可能です。もう少し詳しく記述したい場合には，第2レベルで記録します。この場合は並列タイトルやタイトル関連情報も記録することになります。第3レベルは最も詳しい記述で，規定されている情報があればすべて記録します。

　これに対してRDAではこの精粗のレベルはなくなり，代わりにコアエレメントというものを設定しています。これは，「容易に入手できるデータがある場合には必ず記録しなければならない」というものです。NACSIS-CATにおける入力レベルの「必須2」に相当するものといえるでしょう。ただし

「必須2」のように単純に、この情報はコアエレメントである、という規定のしかただけではなく、この情報がない場合には代わりにこれがコアエレメントとなる、というように流動的なものもあります。

1.8 アクセスポイント

AACR2で定められていた主記入の考え方はRDAにはありません。主記入は、平面である目録カードに記録する際に標目として記入するために必要なものでしたが、データベースで管理する場合には不要だからです。そのため「アクセスポイント」は書誌データの標目という役割ではなく、著作や表現形や個人・家族・団体を表す標目という新たな役割を担うようになりました。

1.9 国際化

RDAは、英語使用圏以外の国々でも使用できるように考えられています。データを記録する際は、言語や文字、数字、日付については情報源にあるとおりに転記するのが原則ですが、翻字や他の形式に置き換えることも認められています。

また、大きさの記録に際してはメートル法を使用することが原則ですが、インチなども使用することが可能です。

1.10 RDA-Toolkitの紹介

RDAはオンラインツールとして、RDA-Toolkitの一部とし

て提供されています。オンラインですから修正が即座に反映されること,本文を検索できることはもちろんですが,それ以外にも便利な機能が備わっています。RDA-Toolkit を使いこなせば,目録作成作業が容易に,かつ効率的になることは間違いありません。

　RDA-Toolkit 関連のサイトは2種類あります。RDA-Toolkit に関する情報を提供しているサイト[20]と,RDA-Toolkit そのもの[21]です。

　前者には RDA についての解説や入手方法,RDA レコードのサンプル,教材などが置かれています。RDA-Toolkit そのものである後者にログインすると,図10のような画面にな

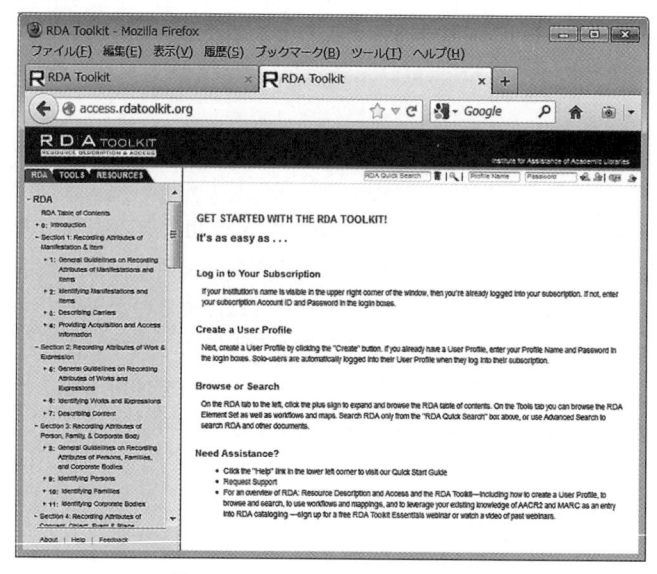

図10　RDA-Toolkit ログイン直後

ります。

　左のウィンドウ枠がメニューで，右側のウィンドウ枠に本文が表示されます。メニューには「RDA」「TOOLS」「RESOURCES」という3種類のタブが用意されています。また，メニュー枠の最下段には，「About」「Help」「Feedback」という3種類のリンクが張られています。「About」はRDAの概説，「Help」はRDA-Toolkitのヘルプへのリンク，「Feedback」はサポートセンターに連絡するページへのリンクです。

　「RDA」は，RDAそのもののオンライン版です。項目名の頭にある「+」をクリックするとサブメニューが展開されて，「+」の記号が「-」に変わります。

　メニューの一番下には「RDA Update History」もあります。2014年1月現在では，「2012 April Update」と「2013 July Update」の二つの更新履歴を確認できるようになっています。

　右の枠の上には文字を入力できるテキストボックスやアイコンが並んでいます。左から順に見ていきます。

　一番左端にあるテキストボックスには，薄い文字で「RDA Quick Search」と表示されています。OPACなどでは簡易検索などと呼ばれていますが，特にその他の条件を指定しない検索です。このテキストボックスに検索したい文字列を入力してENTERを押すか，テキストボックスの右にある青信号の「GO」ボタンをクリックすると検索が実行されます。

　その右にある虫眼鏡のアイコンは「詳細検索」(Advanced Search) です。これをクリックすると詳細条件を指定する画面が表示されます（図11）。

　その右にあるテキストボックスは「Profile Name」を入力す

1章　RDAとは………63

るものです。プロファイルというのは個別の設定のことです。RDA-Toolkit は使用する人が使いやすいようにさまざまにカスタマイズができるようになっていて、そうして設定した個別の環境にログインするときに使用します。

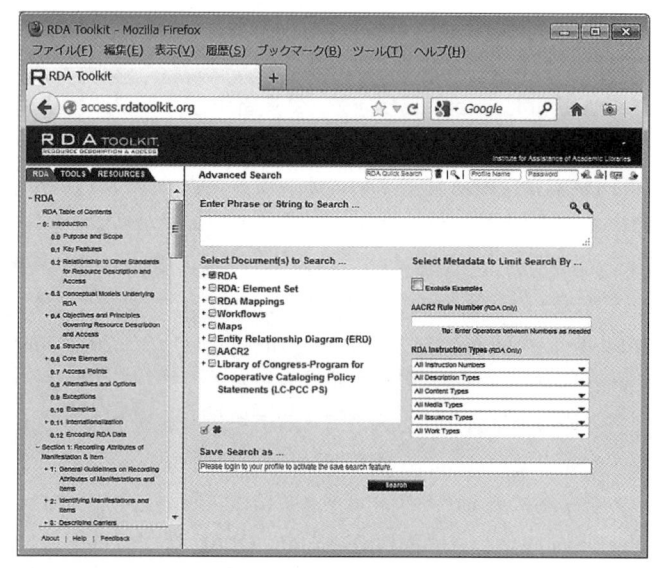

図 11　詳細検索の画面

2番目のメニューの「TOOLS」には、目録をとる際に参考になるツールへのリンクが張られています。上から順に見ていきます。

RDA Element Set

RDA の規定が実体ごとに配置されています。実体ごとの規定を確認する場合に参照します。

RDA Mappings
　MARC や MODS との対応表です。
Examples of RDA Records (JSC)
　MARC レコードの例を見ることができます。
Workflows
　特定の資料種別やローカルルールなどについて，独自の作業マニュアルを登録しておくことができます。
Maps
　いろいろなコードや用語の対応表です。
Entity Relationship Diagram
　RDA で採用されている実体関連モデルです。
Schemas
　それぞれのページの最下部にある「Download」ボタンをクリックして ZIP ファイルをダウンロードし，展開します。

　「RESOURCES」には，他の目録規則へのリンクが張られています（図12）。
AACR2
　AACR2 の全文を見ることができます。AACR2 の本文中に「RDA」というアイコンがあるところでは，そのアイコンをクリックすると該当する RDA の規定にジャンプします。
Library of Congress-Program for Cooperative Cataloging Policy Statements (LC-PCC PS)
　LC が RDA を使用して目録をとる場合の適用細則です。

Other Resources

FRBRなど,その他のリソースへのリンクがあります。

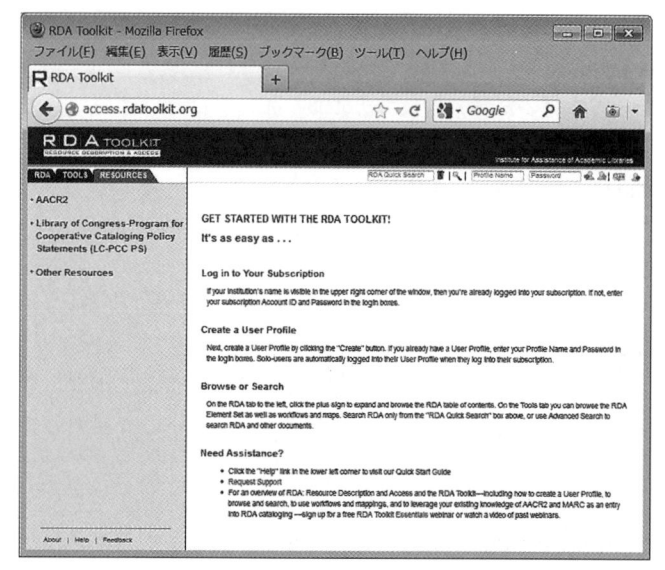

図12 他の目録規則へのリンク

1.11 印刷版

RDAは,本来はオンラインでToolkitを使用することが想定されているのですが,印刷版も提供されています。AACR2の2002年改訂と同じく,ルーズリーフでの刊行ですが,専用のバインダーは付属していません。RDA-ToolkitのFAQによると,AACR2のバインダーは25ドルでしたが,汎

用のものなら文房具店で12ドルで買えるためその方が経済的である，と説明されています。ただし米国などで使用されている三つ穴のバインダーですので，日本では輸入文房具を取り扱っている店でしか購入できません。

　改訂については，オンライン版は随時行われますが，印刷版の場合は2013年中ごろに改訂され，その後は毎年更新される予定です。（随時行われる修正は6JSC/Sec document series（http://www.rda-jsc.org/working2.html#sec）で公開されています。）

2章 RDAができるまで

2.1 AACR2 の改訂

　図 13 は AACR2 が 1978 年に刊行された当時の目次です（訳語は日本語版によっています）。

　全体は以下のような基準で分類され構成されています。2. 図書・パンフレット・一枚もの，9. 機械可読データファイル，10. 三次元資料，11. マイクロ資料 は資料の形態，3. 地図，4. 手稿，5. 楽譜，6. 音楽資料，7. 動画，8. 画像 は資料の内容，12. 逐次刊行物 は刊行形態です。

　その後，1988 年，1998 年，2002 年に大きく改訂され，第 9 章は 2001 年に「電子資料」と名称が変わりました。また，第 12 章も 2001 年に「継続資料」となりました。「継続資料」とは，逐次刊行物のような継続資料と，更新されるルーズリーフやウェブサイトのような統合資料の総称です。

　このように時代とともに記述対象資料が増えたため，そのつど改訂して対応してきました。しかし，章立ての分類が複数の異なった基準に基づいているため，例えば電子媒体の地図や，マイクロ形態の楽譜など，複数の章に入り得る資料が存在します。これでは新しい資料が出現したときに，どの章に含めるのか，また新しい章をどの基準で作成するのかがわかりません。そのため，従来の資料種別ごとの構成をこれ以

上維持することはできないと考えられるようになりました。

第Ⅰ部　記述
序論
第1章　記述総則
第2章　図書，パンフレットおよび印刷した一枚もの
第3章　地図資料
第4章　手稿（手稿集を含む）
第5章　楽譜
第6章　録音物
第7章　映画およびビデオ録画
第8章　静止画像資料
第9章　機械可読データファイル
第10章　三次元工芸品・実物
第11章　マイクロ資料
第12章　逐次刊行物
第13章　分出
第Ⅱ部　標目，統一タイトルおよび参照
序論
第21章　アクセス・ポイントの選定
第22章　個人標目
第23章　地名
第24章　団体に対する標目
第25章　統一タイトル
第26章　参照
付録
A　大文字使用法
B　略語
C　数詞
D　用語解説

図13　AACR2 (1978) の目次

2.2 AACR3

2004年12月にはAACR3第1部の草案が公開されました。内容ごとの種別のセクションと媒体ごとの種別のセクションとに分けてありますが、その中はまだAACR2のように資料種別ごとの構成でした（図14）。

セクションA：一般規則
 A1：記述の一般規則
 A2：継続資料
 A3：更新資料
セクションB：内容の特定種別に対する補足的規則
 B1：テキスト
 B2：楽譜
 B3：地図資料
 B4：画像
 B5：3次元資料
 B6：音声
 B7：動画
セクションC：媒体の特定種別に対する補足的規則
 C1：印刷と画像媒体
 C2：マイクロ媒体
 C3：触手媒体
 C4：3次元媒体
 C5：音声媒体
 C6：投影画像，フィルム，映像媒体
 C7：デジタル媒体

図14　AACR3の目次

2.3 RDA

　この草案は 2005 年 4 月に取り下げられ，同時に，タイトルを"RDA: Resource Description and Access"に変更して，2005 年 12 月 RDA 第 1 部の草案が公開されました。ここで FRBR を強く意識した図 15 のような構成に改訂されました。

Ⅰ　資源記述
　1 章　一般的指針
　2 章　資源の識別（タイトル，責任表示，版表示…）
　3 章　技術的記述（形態事項）
　4 章　内容記述（言語，内容細目…）
　5 章　入手条件に関する情報など
　6 章　個別資料特有の情報
Ⅱ　関連
Ⅲ　アクセスポイント管理

図 15　RDA の構成

　2006 年 4 月には「A　記述」「B　アクセスポイント管理」の 2 部構成に変更されました。
　2007 年 10 月に英国図書館や米国議会図書館，それにカナダやオーストラリアの国立図書館が RDA 導入は同時に実施する旨の共同声明を発表しました。2007 年 11 月には構成が FRBR に即したものに変更されました。しかし，2008 年 1 月に米国議会図書館が「On the Record：書誌コントロールの将来に関する米国議会図書館ワーキンググループ報告書」において，RDA に関する作業を中断することを勧告しました。

こうした中で，2008 年 11 月に RDA 全体の草案が公開されました。

こうして一時は米国議会図書館が作業の中止を勧告するほどの紆余曲折を経て，2010 年 6 月 RDA-Toolkit として刊行されました。

その後も細かな修正は随時行われていますが，特に 2012 年 4 月と 2013 年 7 月に大きな改訂がなされています。

2.4 他のデータ作成機関との連携

RDA は AACR やその元となった目録の伝統に基づいて構築されていて，AACR などを用いて作成されたデータとの継続性も考慮されています。

また，ISBD，MARC21，ダブリン・コア，RDA/ONIX フレームワークとも互換性があります。

参考資料

1) Hart, Amy. The RDA primer : a guide for the occasional cataloger. Linworth, 2010
2) Oliver, Chris. Introducing RDA : a guide to the basics. ALA, 2010
3) A brief history of AACR　http://www.rda-jsc.org/history.html
4) 和中幹雄. RDA をめぐる最新状況と目録法の課題整理. TP&D フォーラムシリーズ：整理技術・情報管理等研究論集. 21 号, p. 11-25. TP&D フォーラム実行委員会, 2013

3章 RDAの現状：世界的な標準になるのか

3.1 翻訳

　各国で翻訳作業が進められています。2014年1月現在の進捗状況は以下のとおりです。

　中国では早くからRDAに関心を示していて，2012年12月には中国語訳が終了しました。

　フランスでは，2012年にASTED（Association pour l'avancement des sciences et des techniques de la documentation）がフランス語訳の印刷版とデジタル版を刊行しました。オンライン版は2013年5月14日公開。用語集（Glossary）を無料で公開しています[22]。

　ドイツではドイツ図書館が2012年にドイツ語訳の印刷版とデジタル版を刊行しました。2013年5月刊行のものは2012年4月更新分が反映されています。（pdf版はドイツ図書館のウェブサイトで12カ月無料で見ることができました。）オンライン版は2013年5月14日に公開されました。

　スペインでは，スペイン語訳の印刷版とオンライン版が作成されています。2013年11月刊行予定でしたが，2014年1月現在では未刊です。

　日本では国立国会図書館が館内の作業用に翻訳していて，出版の許諾を得れば日本図書館協会が出版することができる

ことになっていますが，刊行については 2014 年 1 月現在では未定です。

3.2 導入館

2014 年 1 月現在では，下記の図書館が RDA を導入しています[23]。

国立図書館
　ケベック国立図書館・文書館（Bibliothèque et Archives nationales du Québec）
　英国図書館（British Library）
　米国議会図書館（Library of Congress (US)）
　米国国立農学図書館（National Agricultural Library）
　シンガポール国立図書館（National Library Board, Singapore）
　オーストラリア国立図書館（National Library of Australia）
　米国国立医学図書館（National Library of Medicine (US)）

その他の組織
　ブリガムヤング大学（Brigham Young University）
　ケンブリッジ大学（Cambridge University）
　ロンドン大学附属コートールド美術研究所（Cortauld Institute (UK)）
　ノースカロライナ州立大学（North Carolina State University）
　オックスフォード大学ボドリアン図書館（OLIS/Bodleian Library）
　シカゴ大学（University of Chicago）

ワーウィック大学（University of Warwick）
米国政府印刷局（U.S. Government Printing Office）

導入検討中の機関は以下のとおりです[23]。

国立図書館
　ドイツ図書館（Deutsche National Bibliothek（2014））
　オランダ王立図書館（Koninklijke Bibliotheek（Neth.）（2013-14））
　カナダ国立図書館・文書館（Library and Archives Canada（2013））
　フィンランド国立図書館（National Library of Finland（2015））
　アイルランド国立図書館（National Library of Ireland（2014））
　フィリピン国立図書館（National Library of the Philippines（2013））
　スコットランド国立図書館（National Library of Scotland（2014））

4章 RDAの日本の目録作成に及ぼす影響

4.1 『日本目録規則』

　日本には日本図書館協会が維持管理する日本目録規則があります。世界的な標準となることを目指しているRDAが公開されたことで、この日本目録規則は今後どうなるのでしょうか。

　日本図書館協会目録委員会は、2010年9月にウェブサイトで「『日本目録規則』の改訂に向けて」(17日)を公表しています[24]が、この時点では、「NCR全体の改訂作業を目指した本格的な検討を開始した段階」でした。RDAについては、「日本で現在必要とされる目録規則は、RDAを単に日本語に翻訳したものではなく、新しい日本目録規則である。FRBRモデルに基づきながら、従来の目録からの継続性を保つことができ、日本で現実に使用可能な規則」であって、「RDAを翻訳したのでは、その用に適さない」と述べています。そして「具体的には、書誌階層の考え方の継続、典拠コントロールを重視しつつも日本の状況を踏まえた現実的な対応、コア・エレメントについてのRDAを参考にした規定、十分な和古書漢籍の扱い、日本語資料の豊富な実例の記載などが必要である」としています。そして、国際目録原則覚書に準拠するものの、「RDAについては、長所を個別に検討して取り込む。

また，各規定について RDA との相互関連を明確にする」にとどめると述べられています。規定の内容は，RDA と同じくエレメントの定義に限定し，エリアやエレメントの記載順序や区切り記号は規定しないほか，注記に書かれている情報をエレメント化するなど，RDA と同じ方向を向いているようです。

ただし，RDA の実体の属性と関連を規定するという構造については，より実務的に使いやすいものに変わる可能性もあるようです（渡邊隆弘編『情報環境の変化に適切に対応する目録規則の在り方に関する研究：研究成果報告書：科学研究費基盤研究（C）課題番号：22500223』p.89）。

以上のような方針に基づいて日本目録規則の改訂が進められていますので，国際目録原則覚書に基づいて RDA やそのもととなった FRBR の考えが反映されるとしても，日本目録規則の代わりに RDA が導入されるということにはならないようです。

なお 2013 年 9 月 30 日に，日本目録規則の改訂は平成 29（2017）年度の公開を目指して国立国会図書館と共同で行うことが発表されました。

4.2 国立国会図書館

国立国会図書館は 2013 年 4 月 1 日より外国刊行の洋図書等の目録規則として RDA を使用しています。その際，下記のような運用をすると公表されています[25]。

1. 著者が多数の場合，RDA の任意規定に従います。具体

的には，4人以上の場合は1人だけ記述し，アクセスポイントも全員ではなく選択して作成します。
2. 標目において，作者や翻訳者等の役割を示す「関連指示子」は不採用とします。これは当館のシステム的な事情によるものです。

　さらに，現在は『日本目録規則』(NCR) を適用している和図書等の全国書誌収録対象となる資料群についても，RDAに対応した書誌データ作成基準を定めることにしています。「ただし，RDAをRDAのままで適用するのではなく，日本の目録慣習や出版慣行等もふまえ，国内に広く受け入れられるものとするよう進めていきます。そのために，国内の関係機関，特にNCRの改訂作業を行っている日本図書館協会目録委員会と連携を図り，具体的な協議を行います」と述べ，2013年9月30日に「RDAに対応した新しい書誌データ作成基準として，日本図書館協会目録委員会と連携して，新しい『日本目録規則』を策定」する方針を明らかにしました。

4.3 NACSIS-CAT

　国立情報学研究所 (NII) は，2012年夏から秋にかけて，次の2点についてRDA化に向けての調査を行いました。一つは，参照ファイルのレコードがRDA化された場合，参照MARCとしてNACSIS-CATに取り込む際のフィールドの対応関係がどう変わるのかであり，もう一つは，NACSIS-CATをRDA化するにあたって，コーディングマニュアルをどう変更する必要があるのか，です。

NACSIS-CATは既にリレーショナルデータベース化されており、記述の一部にはRDAを先取りしたところもあります。そのため、RDAを採用すること自体は問題ないと思われますが、各実体をどの程度データベースの構造に反映させるのか、つまり、すべての実体を表す個別のレコードを作成するのか、あるいは一部は他のレコード内の記述にとどめるのか、など、実装にあたって決定しなければならない点は多々あります。

　しかも、NACSIS-CATの場合はNIIが対応を決定したとしても、それぞれの図書館で使用しているクライアントシステムが対応しなければ実際には目録業務を行うことができません。クライアントシステムはそれぞれのメーカーが作成していますから、NIIが仕様を決定・公表してから、メーカーがシステムを開発して実際に稼働するようになった後で、ようやく図書館に導入されることになります。

　したがって、もしレコードの構成を現在のものから変更するのであれば、実際に図書館でRDA準拠の書誌レコードを作成するようになるのはもう少し先のことになると考えられます。

　なお、目録カードに記述するための規則であるAACR2を使用してNACSIS-CAT独自のデータベースに入力するために、『目録情報の基準』、『コーディングマニュアル』、『目録システム利用マニュアル』といったマニュアルが作成されていて、一部では重複した記述があるなど混乱も見られます。しかし既に述べたように、RDAでははじめからさまざまなフォーマットで記述することを念頭に置いていて、個別のフォーマットやシステムに依存しないように、データの格納

や表示については規定せずに記録の内容のみを規定しています。そのため，記録する内容は RDA にまかせてしまい，コーディングマニュアルはデータベースへの入力のしかたを規定するだけのシンプルなものになるかもしれません。

4.4 和漢古書

「『日本目録規則』の改訂に向けて」にもありましたが，和漢古書の取り扱いについては RDA には規定がありませんから，日本，それに中国や韓国などで検討する必要があります。RDA では体現形とともに個別資料についての情報を記録するようになっていますので，印記（蔵書印）や保存状態などの個別資料に関する情報を記録しやすくなったといえます。その意味では RDA は和漢古書の記録に適した規則であるといえますが，具体的な記録のしかたや例示などはやはり追加する必要があるでしょう。

4.5 その他

RDA では発見・識別・選択・入手の利用者のタスクのうち，識別・選択・入手についてはそのための情報を記録することを規定していますが，第 1 番目の発見については，資源の属性や関連を記録するというにとどめています。

しかし日本語を使用して書誌レコードを作成する場合，いくつか考えなければならない問題があります。例えば，RDA では記述部分では資料中に表示されているままの字種字体で記録することになっていますが，日本の漢字の新字と旧字，

中国語の簡体字と繁体字など，そのままの字体で記録するだけでは検索に支障があることも考えられます。NACSIS-CATではサーバー側に漢字統合インデクスを作成し，異なる字体の漢字でも同じように検索できる仕組みを用意していますが，この仕組みができる前は，その他のタイトルとして別の字体のタイトルを入力していました。日本でRDAを導入する際には，この文字の問題を，システムで解決するのか，あるいは別途入力するのか，などについて検討する必要があります。

　また，タイトルなどが空白によって単語単位で分割されている欧文と違って，日本語は検索用索引をどのように作るかという問題を解決しなければなりません。現在の目録で使用されている分かち書き規則は，本来は，目録カードの排列用規則でしたから，検索用の語の抽出には向いていません。したがって，語の抽出方法をどう決めるか，あるいは別途入力するのか，全文検索（grep検索）にするのか，といった問題についても検討する必要があると考えられます。

第 III 部

RDAの詳細

1章 RDAの主要項目の訳と解説

　それでは実際にRDAの本文を読んでいくことにします。といっても、大部なRDAをすべて扱うことはできませんので、重要な部分、特にAACR2と異なるところについて解説していきます。それ以外の項目については、どのような項目があるのかを知っていただくために、項目だけはすべてあげることにします。

　本文中、　　　　　で囲んだ部分はRDAの見出しです。また、文の背景が　　　　　になっているのはRDAの例示です。RDAからのそれ以外の引用は　　　　　で囲んで示しました。

セクション1～4（属性の記録）

　セクション1からセクション4までがRDAの前半部分で、実体の属性を記録することについて規定されています。

1.1 セクション1　「体現形と個別資料の属性の記録」

(1) 1：体現形と個別資料の属性の記録総則

```
1.0　適用範囲
1.1　用語
```

1.2　機能的目的と原則

　体現形と個別資料の属性の記録の目的と原則は以下のとおりです。

> 目的：体現形または個別資料を記述したデータは，利用者にとって次のことを可能にするものである。
> 　発見：利用者の指定した検索内容に一致する体現形と個別資料を発見する。
> 　同定：記述された資源を同定する（すなわち，記述された資源が検索している資源と一致することを確認する，もしくは同じか似たような性質の複数の資源を区別する）。
> 　選択：資料が収められているキャリアの物理的な形態的特徴や，フォーマットやエンコードについて，利用者の要求に合致する資源を選択する。
> 　入手：資源を入手する（すなわち，購入する，借りる等の方法により資源を入手する，もしくはオンライン資源にアクセスする）。

　そのために，

> 原則：次の原則が適用される。
> 　識別：データは記述された資源と他の資源とを区別するために役に立つものでなければならない。
> 　十分：データは，利用者が特定の資源を選択する際の必要に十分に応えるものでなければならない。
> 　表現：データはその資源そのものの表現を反映したもので

> 正確：データは，資源の一部である情報源にある，曖昧な，わかりにくい，誤解を招く表現を修正し明確にするための補足的な情報を提供しなければならない。
> 普通の使用法：資源そのものから転記するのではないデータは，普通の使用法（common usage）を考慮したものでなければならない。

（冒頭「なければならない。」は前項の続き）

これに関連して，転記の重要性があげられています。それは，

> 情報源からのデータの転記は，そのデータが資源そのものを反映するものであることを確実にする。
> 転記はまたしばしばある資源を他の資源から区別する手段としても機能する。

というものです。ここから，一般の利用者にとってわかりにくい略語を使用したり表記を変えたりせずになるべく見たままを記録しよう，という方針が導き出されています。

1.3 コアエレメント

体現形のコアエレメントは以下のとおりです。

固有のタイトル
固有のタイトルに対する責任表示 *
版指示，版の改訂指示
継続資料の初号の番号など

継続資料の終号の番号など
非出版物について，制作年
出版物について，出版地*，出版者*，出版年
　　なければ発売地*，発売者*，発売年
　　　なければ製作地*，製作者*，著作権年
　　　　著作権年がなければ製作年
シリーズの固有のタイトルと番号，サブシリーズの固有のタイトルとその番号
体現形のID
キャリア種別
数量（資料が完結している場合，もしくは全体の数量がわかる場合）
*複数あるときは最初のもののみコアエレメント

なお，これ以外にも，類似の資料と区別するために必要な情報は適宜記録します。

1.4　言語と文字

転記エレメントでは，情報源にある言語と文字で記録します。

1.5　記述の種類（書誌単位）
1.6　新たな記述を必要とする変更（別書誌作成基準）

1.7　転記
1.7.2　大文字使用法

大文字・小文字は AACR2 と同様に，その言語の正書法に基づいて記録します。詳細は付録 A に規定されています。

1.7.3　句読点

AACR2 では，主情報源の本タイトルに「...」が含まれている場合は「-」に置き換えましたが，RDA では情報源にある「...」は "... and then there were none" のようにそのまま記録します。

また，AACR2 では「[ ]」は「( )」に置き換えましたが，この規定もなくなりました。

ただし，タイトルと責任表示との間にある記号など，別エレメントに該当するものを区切っている記号は無視して，それぞれのエレメントの内容のみを該当するフィールドに記録します。

逆に，必要であれば補うこともあります。例えば，タイトルが情報源上に

> Travaillez mieux
> vivez mieux

のように 2 行に改行されている場合，ただ 1 行につなげて "Travaillez mieux vivez mieux" としてしまうと文として成り立ちませんので，このような場合には，

> Travaillez mieux, vivez mieux

と，間に「, 」を補います。

1.7.4　発音符号

アクセント符号のような発音符号は情報源にあるとおりに記録します。あればあるまま，なければないままです。（選択的追加として，情報源にない発音符号を正書法に基づいて追加する方法もあります。）

1.7.6　イニシャルと頭文字のスペース

RDA本文では（AACR2と同様に）イニシャルにピリオドがある場合とない場合とに分けて規定されていますが，要するにピリオドがあってもなくてもスペースは詰めて記録します。

> ALA rules for filing catalog cards
> T.U.E.I. occasional papers in industrial relations
> The most of S.J. Perelman
> edited by P.C. Wason and P.N. Johnson-Laird
> W.W. Norton & Company

上に再掲した例のうち，最初の3行はAACR2にもまったく同じ例が「1.1B　本タイトル」の項にあげられていました。
その次の2行の責任表示と出版社と思われる団体についてはAACR2には規定がありませんでしたが，他の箇所での例示がスペースを詰めてありましたので，それに倣ってスペー

スを詰めて記入することが多かったようです。RDAでは上のようにスペースを詰める例としてはっきり示されるようになりました。

1.7.9 誤記

AACR2でも誤記された情報はそのまま記録した上で、誤記であることがわかるように"[sic]"を付したり、"[i.e.]"を付して修正した語を記述したりしました。例えば、"The wolrd [sic] of television"、"A nev [i.e. new] mechanism for transnational media complaints"のようにです。

しかしRDAの転記エレメントでは、まったく手を加えずに表記されているままに記録します。

例示では、

> The wolrd of television
>
> A comprehensive law book on proceedings under every statute/ordinance with upt-to-date case law by superior courts

となっていて、"[sic]"や"[i.e.]"がありません。

そして同定やアクセスに必要であれば、誤記を修正して注記します。また、誤記がタイトルにあって同定やアクセスのために修正した形が必要と考えられる場合には、正しい綴りに修正したタイトルを異形タイトルとして記録します。

1.8 数字として,あるいは文字として表された数字

継続資料の巻号を表す年,出版年・発売年等,著作権年,学位授与年については,目録作成機関が選択した数字で記録します。

例えば情報源に,

> tome III

と表示されている場合,数字をアラビア数字で記録することにしたのであれば,

> tome 3

のように記録します。

また,数字ではなく文字として表された数も同様に数字に置き換えます。例示にはありませんが,"tome three" と表示されている場合に "tome 3" と記録します。

1.8.5 序数詞

英語の場合は,1st, 2nd, 3rd, 4th のように記入します。

日中韓については,序数詞であることを表す語を添えるとされています。

中国語の例として,

> 第8

があげられています。

> 1.9　日付

　出版年等について，補記する場合の規定の例示から "ca.", "-" がなくなりました。

　およその年を表す場合に，AACR2 では，"[ca. 1960]" や "[197-]" という記録のしかたが例示されていましたが，RDA にはこのような記述のしかたはありません。

　推定される範囲を表す場合には，"between ○ and △" としますが，この "between" を使用するにあたって AACR2 にあった「20 年以内」という制限がなくなりました。例示では "[between 1400 and 1600?]" というものもあげられています。したがって，先の "ca.", "-" も "between" を使用して記録するのだと考えられます。

　例えば，"[ca. 1960]" と記録していたものは "[1960?]" や "[between 1950? and 1970?]" などとし，"[197-]" と記録していたケースでは "[between 1970 and 1979]" とすることになると思われます。

> 1.10　注記
> 1.11　複製と復刻

(2)　2：体現形と個別資料の同定

> 2.0　目的と範囲

> 2.1　資料同定の基礎
> 2.2　情報源
> 2.2.4　補記

　転記すべきデータを記述対象資料以外から採用した場合，そのことを注記するか，あるいはコーディングや角括弧で括るなどして示します。つまり，必ずしも角括弧を使用しなくてもよくなりました。

> 体現形の属性
> 2.3　タイトル

　RDAで規定されているタイトルには大きく分けて2種類あります。体現形のタイトルと著作のタイトルです。ここ2.3で規定されているのは体現形のタイトルで，記述対象資料に表示されているままのタイトルのことです（著作のタイトルは5.1.3に規定されています）。

　体現形のタイトルとしては，次の種類のタイトルが規定されています。

　　本タイトル
　　並列本タイトル
　　タイトル関連情報
　　並列タイトル関連情報
　　異形タイトル
　　前タイトル
　　後タイトル

キータイトル
　　省略タイトル

　タイトル関連情報の先頭は小文字で始めます（Appendix 4 例外）。

　本タイトルと並列タイトル，タイトル関連情報などはそれぞれ別のエレメントになりましたので，これらを区切る記号は RDA では規定されていませんが，総合タイトルがない場合で，一つの情報源に複数のタイトルが列挙されている場合には，AACR2 のときと同様に，

> Lord Macaulay's essays ; and, Lays of ancient Rome
> En famille ; Deux amis ; et La ficelle

のように区切り記号「 ; 」を挿入して記録する例があげられています。これは ISBD の区切り記号を使用するとこうなる，という例であり，必ずこうしなければならないというわけではありません。（2 行目の例の 3 番目のタイトルの "et" の後ろに "," がないのは，フランス語の記号使用法によるものです。）

　前タイトルは更新資料について記録するものです。更新資料では，更新の途中でタイトルが変更になった場合には，最新のものを本タイトルとして記録しますので，同定やアクセスに必要であれば以前のタイトルを前タイトルとして記録することができるようになっています。

　後タイトルは分冊ものや継続資料について記録します。刊行の途中でタイトルが変更になった場合，本タイトルは最初に刊行された資料に基づいたタイトルのままとしますが，同

定やアクセスに必要であれば、新しいタイトルを後タイトルとして記録することができます。

> 2.4 責任表示
> 2.4.1.4 責任表示の記録

　責任表示には名前でも接続詞でもないものを含む、となっています。この「名前でも接続詞でもないもの」とは一体何を指すのでしょうか。

　選択的省略として、必要な情報量がなくならない限りにおいて、責任表示を短くすることができるとされています。そしてその例として、情報源上にある、Charles F. Hoban, Jr., Special Assistant, Division of Visual Education, Philadelphia Public Schools を、Charles F. Hoban, Jr. と記録するものがあげられています。逆にいうと、本則としては著者等の所属や肩書きなどもそのまま記録するのだと考えられます。

> 2.4.1.5 責任表示が複数あるとき

　RDA の変更点としてよく言及されるのがこの責任表示を記録する人数です。AACR2 では同じ役割の責任表示が 4 人以上ある場合には先頭の 1 名だけを記録して他は省略することになっていましたが、RDA ではこの規定は選択的省略となり、本則としては何人いてもすべて記録することになりました。すべて記録すると聞くと大変なように思いますが、『日本目録規則』では同じ役割が 3 人以上（NACSIS-CAT では別法を採用して 4 人以上）ある場合は先頭の 1 名以外は省略す

るのですが，省略した責任表示は注記することになっていますので，結局は全員記録しているのです。ですからそれほど大きな問題ではないように思います。

なお，選択的省略を採用して先頭の1名以外を省略した場合は，省略した内容を簡略に示すことになりました。AACR2 では省略した部分は単に"... [et al.]"と記録していましたが，RDA では "Roger Colboume [and six others]" のように他に何人いるかを明示します。

また，「集団名・団体名と，集団・団体のメンバーがあげられている場合は，メンバーを省略する。重要と考えられる場合は，演奏者，語り手，司会者（presenter）として記録する」とあります。なぜメンバーを演奏者などとして記録するのでしょうか。この規定は，AACR2 では6章の音楽資料のところに，単に NOTE に記録するとされていたのですが，音楽資料についての章立てがなくなったため一般の図書と同列に扱うことになり，そのため具体的に「演奏者，語り手，司会者」という内容をあげたものと思われます。したがって，あくまでも音楽資料について，という前提があるものと推測されます。

一般の図書については，例えば「○○編集委員会」のような団体名とそのメンバーが両方表示されている場合には，責任表示としては団体名のみを記録すればよいと考えられます。

2.4.1.8　責任表示にともなう名詞句

責任表示に結びついている名詞や名詞句は，責任表示として扱うことになりました。

AACR2 では，著作の性質を表す場合はタイトル関連情報として扱い，責任表示の役割を表す場合には責任表示として扱うとされていました。

前者の例としては，

> Characters from Dickens [GMD] : dramatised adaptations / by Barry Campbell

後者の例としては，

> Roman Britain [GMD] / research and text by Colin Barham

というものがあげられていました（AACR2　1.1F12）。

RDA ではこれらについて両者とも責任表示として記録します。

> research and text by Colin Barham
> dramatised adaptations by Barry Campbell

この両者の区別は曖昧でしたので，いずれの場合でも責任表示として扱えばよいというのは助かります。

2.5　版表示

略語は情報源上にある場合にのみ使用し，記録する際に略語に置き換えることはしません。

AACR2 では版エリアの構成要素として，版表示と版の改

訂表示がありましたが，RDAでは表示ではなく指示という名称に変更になりました。そして版指示と版の改訂指示を合わせて版表示と呼ぶようになりましたが，これらは名称が変わっただけで実質は同じものです。

2.5.2 版指示

版指示の例のうち，おもなものは以下のとおりです。

> 1st ed.*
> New ed., rev. and enl.
> 1st American ed.
> Rev. ed. 10/2/82
> Abridged
> Version 2.5
> New edition

* 情報源にこのように表示されていたものを転記したもので，例えば First edition と表示されているものをこのように略して記録するわけではありません。その他の例も同様です。

2.5.6 版の改訂指示（Designation of a Named Revision of an Edition）

版指示が 4th ed. であるのに対して，さらに修正が加わった場合に，

> reprinted with corrections

のように記録します。
　同様に、World's classics edition という版指示に対して

> new edition, revised, reset, and illustrated

3rd ed. という版指示に対して

> 2nd (corr.) impression

のように記録します。

2.6　継続資料の番号

2.7-2.10　出版事項の記録

　RDAでは出版事項として、制作表示、出版表示、発売表示、製作表示がそれぞれ独立した項目として規定されています。しかし重複する部分や関連する内容が多いので、まずはこれらに共通することを見て、その後にそれぞれの項目を見ていくことにします。

　場所と名称は情報源にあるとおりに記述します。

　AACR2では州名を記録する際には略語を使用しました。また名称は簡潔な形にするという規定がありましたが、RDAでは表示されているままを記録します。

出版地等を記録する際は，情報源にあれば，市，町などの地方名と，州，郡，国名の両方を含めて記録します。

　AACR2に準拠している書誌レコードでも出版地として市のレベルを記録しているものが多いのですが，じつはAACR2にはどのレベルの地名を記録するのかという規定はありませんでした。RDAでははっきりと記録するレベルが明記されました。

　また，必要であれば前置詞を含めます。AACR2では活用語尾がなければ除外する，となっていましたので，RDAの方がより柔軟な対応が可能になったといえそうです。

　出版者等が複数あるときは，AACR2ではまず表示順の先頭にあるものを記録しましたが，RDAでは表示順，レイアウト，書体により示された順になりました。つまり，必ずしも表示順で先頭ではなくても，レイアウトや書体で強調されている場合には，それを優先して記録することができるようになりました。

　また，AACR2（1.4D4. d））の，2番目以降の出版者として初めて目録作成機関のある国のものが表示されている場合はこれを記録する，という規定はなくなりました。

　日付の数字は目録作成機関が選択する形式で記録しますので，出版等の日付について，算用数字か漢数字か，あるいはローマ数字をどうするか，などを目録作成機関が選択することになります。

　AACR2では，出版等の日付（date）は年（year）のことである，という記述があったのですが，RDAではこの文言はなくなりました。そして出版年の例として"May 2000"というのがありますので月まで記録できると考えられます。

それでは，それぞれの項目を個別に見ていきましょう。

2.7 制作表示（Production Statement）

非出版物について，制作地，制作者，制作年を記録します。
非出版物というのは，手稿，絵画，彫刻，自前で録音したものなどを指します。

2.8 出版表示（Publication Statement）

出版物の，出版地，出版者，出版年を記録します。

2.9 発売表示（Distribution Statement）

出版物の，発売地，発売者，発売年を記録します。
なお，発売の日付は，出版の日付と異なっていてかつ同定に重要であると考えられる場合に記録します。

2.10 製作表示（Manufacture Statement）

出版物の，製作地，製作者，製作年を記録します。
記録するのは，出版者も発売者も不明の場合と／または，出版の日付も発売の日付も不明の場合です。
最後に，出版地等や出版者等が不明の場合の記録のしかたをまとめておきます。

出版地等が不明の場合は，

知られている地方名
　　推定される地方名
　　知られている国，州，郡
　　推定される国，州，郡
の順で記録します。
　それでも不明の場合は，
　　制作地は，Place of production not identified
　　出版地は，Place of publication not identified
　　発売地は，Place of distribution not identified
　　製作地は，Place of manufacture not identified
と記録します。

　出版者名等が不明のとき，すなわち資料中に表示がなく，その他の情報源からも同定できない場合は以下のように記録します。
　　制作者は，　producer not identified
　　出版者は，　publisher not identified
　　発売者は，　distributor not identified
　　製作者は，　manufacturer not identified

　最後に，出版年等が不明で推定できない場合の記録のしかたは以下のとおりです。
　　制作の日付は，date of production not identified
　　出版の日付は，date of publication not identified
　　発売の日付は，date of distribution not identified
　　製作の日付は，date of manufacture not identified

2.11 著作権年 (Copyright Date)

著作権年は，AACR2 では選択的追加事項として，出版年と異なる場合に記録することができましたが，RDA では出版年とは別のエレメントになりました。なお，情報源についてはどこからでもよくなりました。

記録する場合は，ⓒ，ⓟのマークを付けます。

> ⓒ 2002
> ⓟ 1983

ただし，システムの制限などでⓒ，ⓟが使えない場合は，代わりに"copyright"，"phonogram"を付けることも認められています。

> copyright 2005
> phonogram 1993

著作権年が複数ある場合は次のように記録します。

a) 本文，音，画像などの複数の種別からなる部分について複数の著作権の日付があるときは，同定・選択において重要なものを記録します。

b) 単一の種別からなるもので複数の著作権の日付があるときは，最新のもののみを記録します。

2.12 シリーズ表示

シリーズタイトル関連情報は，シリーズの同定に必要な場合にのみ記録します。

例として，シリーズの本タイトルが"English linguistics, 1500-1750"の場合に,

> a collection of facsimile reprints

シリーズの本タイトルが"Words"の場合に,

> their origin, use, and spelling

を記録する，というものがあげられています。

シリーズタイトルの責任表示も，タイトル関連情報と同様に，シリーズの同定に必要な場合にのみ記録します。

シリーズの本タイトルが"Sämtliche Werke"（全集）の場合，これだけですと誰の全集かわかりませんので，責任表示として,

> Thomas Mann

シリーズの本タイトルが"Occasional paper"の場合も同様に,

> University of Sussex Centre for Continuing Education

をそれぞれ記録します。

"new series"などの扱いについては，少しややこしい規則があります。

まず，"new series"などが巻号を持つ場合は，シリーズの巻号として扱います。

> new series, v. 3
> 4th series, 30

逆に巻号がない場合はサブシリーズタイトルとして扱います。

> New series
> Second series
> Series 2

最後に，そのサブシリーズを示す番号がある場合は，その番号を含めてサブシリーズタイトルとします。

> 4, Physics
> Series D, Geophysical bulletin

ややこしいのでNACSIS-CATの記述文法で表してみましょう。以下のようになります。

Series title <> new series, v. 3
Series title <> 4th series, 30

Series title <> . New series
Series title <> . Second series

Series title <> . Series 2

Series title <> . 4, Physics

Series title <> . Series D, Geophysical bulletin

2.13　発行形態（Mode of Issuance）
2.14　頻度（Frequency）
2.15　体現形のID（Identifier for the Manifestation）

その体現形を他の体現形と区別する文字列です。

体現形のIDには，国際的に認められたISBN，ISSN，URNなどや，出版者や発行者，政府刊行局などが内部的に規定しているもの，楽譜の出版者番号やプレート番号などがあります。

2.16　引用形（Preferred Citation）

個別資料の属性
2.17　所有者（Custodial History of Item）
2.18　資料を入手した直接の出所（Immediate Source of Acquisition of Item）
2.19　個別資料のID
注記
2.20　体現形もしくは個別資料の注記

(3) 3：キャリアの記述

3.0　目的と範囲

3.1　キャリアの記述総則

　AACR2では資料種別に関する情報をGMDとして記録していましたが，RDAでは中身と容れ物についての情報を分離して，メディア種別，キャリア種別，コンテンツ種別として記録するようになりました。このうち，メディア種別とキャリア種別は容れ物についての情報ですので，ここ体現形の属性のところで規定されています。他方コンテンツ種別は中身を表すものですので，表現形の属性として規定されています（RDA　6.9)。

体現形の属性
3.2　メディア種別

　「資源の内容を見たり再生したり実行したりするために必要とされる機器の一般的な種類に基づく分類」で，表にあるものを一つ以上使用することになっています。おもなものは次のとおりです。

1章　RDAの主要項目の訳と解説………107

メディア種別	使用機器
audio	録音されたものを格納するメディア。レコードプレーヤーやカセットプレーヤー，CDプレーヤー，MP3プレーヤーで再生するもの。デジタル形式かアナログ形式かは問わない。
computer	電子ファイルを格納するメディア。コンピューターで使用するよう設計されているもの。テープやディスクのように直接アクセスするものだけでなく，サーバーを通してリモートアクセスされるものも含む。
microform	縮小されて肉眼では読めず，マイクロフィルムリーダーやマイクロフィッシュリーダーを使用して見る画像を格納するメディア。透視するものも不透明なものも含む。
unmediated	再生機器が不要なもの。
video	ビデオプレーヤーやDVDプレーヤーを使用するための，動画や静止画を格納するメディア。デジタルかアナログかは問わない。

3.3 キャリア種別

「資源の内容を見たり再生したり実行したりするために必要とされる機器の種別と結びついた記録媒体のフォーマット

やキャリアの容れ物(housing)を表す分類」です。3.2のメディア種別に対応したキャリア種別があげられています。

おもなもののみ表にまとめてみます。

	キャリア種別
audio carriers	audio disc audiocassette
computer carriers	computer disc online resource
microform carriers	microfiche microfilm reel
unmediated carriers	sheet volume
video carriers	videocassette videodisc

3.4 数量 (Extent)

数量の単位には3.3のキャリア種別の語句を使用します。

1 microfilm cassette
100 slides
1 computer disc
1 online resource

なお，AACR2では演奏時間なども形態事項として記録し

ていましたが，これは表現形にかかわる属性ですので，「セクション 2　著作と表現形の属性の記録」の中の 7.22 のコンテンツの記録で扱われます。

3.4.5　テキストの数量

テキストの場合は"pages"や"leaves"などを数量の単位として使用します。"p."という略語は使用しなくなりました。

> 327 pages
> 321 leaves
> 381 columns
> xvii, 323 pages
> 93 unnumbered pages
> （AACR2 では"[93] p."でした。）
> approximately 600 pages
> （AACR2 では"ca. 600 p."と記録していました。）
> 1 volume (unpaged)
> （AACR2 では"1 v. (unpaged)"でした。）
> 48 leaves, that is, 96 pages（両面印刷でページ付けが片面にしかないもの）

3.5　大きさ（Dimensions）

特に規定がない限り，センチメートル単位で記録し，端数は切り上げます。

3.5.1.4.3　カセット

オーディオカセットの場合，AACR2 にあった「標準サイズでなければ大きさを記録する」という条件がなくなりました。さらに単位はインチではなく，大きさは cm, テープ幅は mm になりました。

例として標準サイズである，

```
10 × 7 cm, 4 mm tape
```

があげられています。

3.5.1.4.4　ディスク

直径を cm で記録します。

3.5.1.4.7　マイクロフィッシュ

フィッシュの高さ×幅を記録します。例として，

```
11 × 15 cm
```

とありますが，これは『英米目録規則第 2 版』の，「マイクロフィッシュの縦×横の長さをセンチメートル単位で記載する。例：3 microfiches ; 10 × 15 cm.」(11.5D3) と同じです。

しかしじつはこの規定はその後改訂されていて，AACR2 (1988 rev.) 以降は 10.5 × 14.8 cm のときには省略し，それ以外

1 章　RDA の主要項目の訳と解説………111

のときにのみ大きさを記録することになっていました。今回また例外なく常に大きさを記録するように変更されました。

3.6 素材（Base Material）
3.7 画材（Applied Material）
3.8 台（Mount）
3.9 製作方法（Production Method）
3.10 世代（Generation）

録音資料の場合に，

master tape

デジタル資源の場合では，

original
master

などを記録します。

3.11 レイアウト（Layout）
3.12 折（Book Format）
3.13 フォント・サイズ（Font Size）
3.14 極性（Polarity）
3.15 縮小率（Reduction Ratio）
3.16 音の特性（Sound Characteristic）
3.17 動画フィルムの投影特性（Projection Characteristic of

Motion Picture Film）
3.18 ビデオ特性（Video Characteristic）
3.19 デジタルファイル特性（Digital File Characteristic）
3.20 装置特性（Equipment or System Requirement）
個別資料の属性
3.21 個別資料の特性（Item-Specific Carrier Characteristic）
注記
3.22 体現形または個別資料の注記

(4) 4：入手とアクセス情報の提供

4.0 目的と範囲
4.1 入手とアクセス総則
4.2 入手条件（Terms of Availability）
4.3 連絡先（Contact Information）
4.4 アクセス制限（Restrictions on Access）
4.5 使用制限（Restrictions on Use）
4.6 URL（Uniform Resource Locator）

1.2 セクション2 「著作と表現形の属性の記録」

(1) 5：著作と表現形の属性の記録総則

5.0 適用範囲
5.1 用語
5.1.2 著作と表現形

1章 RDAの主要項目の訳と解説 ……… 113

著作や表現形は、個々の実体だけでなく、実体の集合体や構成要素をも指します。

5.1.3　タイトル

著作のタイトルは、「その著作が知られている、単語、文字、または単語および／もしくは文字の集まり」のことで、選定タイトルと異形タイトルがあります。

著作の選定タイトル（Preferred title for the work）というのは、その著作を同定するために選ばれたタイトルのことで、その著作を表す典拠形アクセスポイントを構成する基盤にもなります。（典拠形アクセスポイントについては5.5に規定されています。）

著作の異形タイトルは、その著作が知られているタイトルのうち、著作の選定タイトルとは異なるタイトルのことです。

なお、この規定があるのは「著作と表現形の属性の記録総則」のセクションなのですが、表現形のタイトルは（FRBRにはありますが）RDAにはありません。表現形を表す場合は、著作のタイトルの後ろに言語などを付して表示します。そして翻訳ものの翻訳されたタイトルは、体現形のタイトルとして記録します（RDA　2.3）。

5.1.4　アクセスポイント

アクセスポイントは、「特定の著作や表現形を表す名称、語句、コードなど」です。このアクセスポイントには、典拠形アクセスポイントと異形アクセスポイントの2種類がありま

す。典拠形アクセスポイントというのは標準化されたアクセスポイントで，異形アクセスポイントは典拠形アクセスポイント以外のアクセスポイントのことです。

典拠形アクセスポイントは，その著作に責任のある個人・家族・団体の典拠形アクセスポイントの後ろに，著作の選定タイトル（6.2.2）をつなげます。それだけでは他のアクセスポイントと区別しにくい場合はさらに，著作の形式，日付，起源の場所その他の要素を続けて構成します。

異形アクセスポイントは，その著作に責任のある個人・家族・団体の典拠形アクセスポイントの後ろに，著作の異形タイトル（6.2.3）をつなげます。識別の必要があればさらにその他の要素を続けて構成します。

5.2　機能的目的と原則

目的：著作と表現形の属性を記録したデータは，利用者に次のことがらを可能にするものでなければならない。

a)　**発見**：利用者が捜し求めるものに一致する著作と表現形を発見する。
b)　**同定**：そのデータが示す著作または表現形を同定する。（すなわち，データが示す著作または表現形が探しているものであることを確認する，あるいは同じか似たようなタイトルの複数の著作または表現形を区別する。）
c)　**関係の理解**：その著作を表すものとして使用されるタイトルと，その著作が知られている他のタイトルとの関係を理解する。（例えば，そのタイトルの別の言語の形。）
d)　**理由の理解**：なぜ特定のタイトルが選定タイトルとして，

あるいは異形タイトルとして記録されたのかを理解する。
e) **選択**：形式や視聴対象者，言語などについて，利用者の要求に合致する著作や表現形を選択する。

そのために，以下の原則が適用されます。

識別：データはそれが表す著作または表現形を，他の著作，表現形およびその他の実体から識別するのに役立たなければならない。
表現：著作の選定タイトルとして選択されたタイトルは，
a) そのオリジナル言語で具体化される資源に最も頻繁に見出されるもの
もしくは
b) 参考資料に見出されるタイトル
もしくは
c) その著作が具体化される資源に最も頻繁に見出されるタイトル
でなければならない。

その著作が具体化された資源や参考資料に見出される他のタイトル，または利用者が検索するであろうと考えられるタイトルは，異形タイトルとして記録します。

5.3 コアエレメント

著作のコアエレメントは以下のものです。

著作の選定タイトル
　著作の ID

　もし著作の選定タイトルが他の著作のタイトルや個人・家族・団体と同じか似ている場合には，必要なだけ同定要素を追加します。この追加要素は，単独のエレメントとして，あるいはアクセスポイントの一部として，またはその両方に記録します。

　追加エレメントとしては以下のものがあります。

　著作の形式
　著作の日付
　著作の起源の場所
　著作のその他の特徴

音楽資料の場合は，

　演奏手段
　番号
　調（key）

二国間条約の場合は条約国が追加エレメントです。

表現形のコアエレメントは以下のものです。

　表現形の ID
　コンテンツ種別

表現形の言語

さらに識別に必要であれば，

　表現形の日付
　表現形のその他の特徴

を加えます。

　地図資料の場合は，緯度と経度も表現形のコアエレメントです。

> 5.4　言語と文字
> 5.5　著作と表現形の典拠形アクセスポイント
> 5.6　著作と表現形の異形アクセスポイント
> 5.7　同定の状態

　データが著作や表現形を表す典拠形アクセスポイントとして十分確立されている場合に，

> fully established

　データが著作や表現形を表す典拠形アクセスポイントとして十分ではない場合に，

> provisional

資源が入手できない場合に，その資源に関する記述からデータをとった場合は，

> preliminary

と記録します。

> 5.8　参照した情報源
> 5.9　カタロガー注記（Cataloguer's Note）

(2)　6：著作と表現形の同定

> 6.0　目的と範囲
> 6.1　著作と表現形の同定総則
> 6.2　著作のタイトル
> 6.2.1.6　アクセント符号（Diacritical Marks）

体現形のタイトルと同様に，情報源に表示されているまま記録し，なくても補いません。（選択的追加として，その言語の正書法に基づいて追加する方法もあります。）

> 6.2.1.7　先頭の冠詞（Initial Articles）

あればそのまま記録します。AACR2 では統一タイトルの場合は原則として削除していましたのでご注意ください。（ただし現在も議論があるようで，今後変更になる可能性はあります。）

なお，著作のタイトルは，音楽作品については 6.14 に，法的著作については 6.19 に，宗教的著作については 6.23 に，公報については 6.26 に，それぞれ個別の規定があります。

著作の他の属性
6.3　著作の形式（Form of Work）

著作の形式を記録します。

> Play
> Tapestry
> Computer file
> Motion picture

などがあります。

6.4　著作の日付（Date of Work）

　著作に関連する最初の日付を指します。作成された日付，もしくは最初に刊行された日付になります。
　なお，法律が発布された日付は 6.20.2 に，条約が署名された日付については 6.20.3 に個別の規定があります。

6.5　著作の出所（Place of Origin of the Work）
6.6　著作のその他の識別的特徴

　例えばタイトルが"Bulletin"である著作については，同じ

タイトルの他の著作と区別するために発行主体を記録します。(出版者そのものは「2.8 出版表示」に規定されているように体現形の属性ですが,ここでは複数の著作を区別するために,著作の特徴として記録します。)

> Geological Survey (South Africa)
> New York State Museum
> New Zealand. Ministry of Education. Research and Statistics Division

同様に,タイトルが"Genesis"という著作の場合には,区別するために,

> Anglo-Saxon poem
> Middle High German poem
> Old Saxon poem

のように形式を記録する例があげられています。

6.7 著作の歴史

6章で規定されているものの中で,この著作の歴史だけが唯一コアエレメントではありません。

6.8 著作のID

表現形のその他の属性
6.9 コンテンツ種別

コンテンツ種別は，内容を読み取る方法に基づく分類です。表が用意されていて，該当するものをいくつでも記録するようになっています。単独のエレメントとして，あるいはアクセスポイントの一部として，またはその両方に記録します。

コンピューターで読み込むものの例：

> computer dataset
> computer program

音に関係するものの例：

> notated music
> performed music
> sounds
> spoken word

6.10　表現形の日付

表現形に関連する最も早い日付です。テキストが書かれた日付，動画の最終編集の日付，テレビやラジオ番組について最初に放送された日付などになります。不明の場合は体現形の最も早い日付を表現形の日付として扱います。

この表現形の日付については，法的著作については6.20に，宗教的著作については6.24に個別の規定があります。

6.11　表現形の言語

6.12　表現形のその他の識別的特徴
6.12.1.3　表現形のその他の特徴の記録

　同じ著作の他の表現形と区別するために，必要に応じてその他の特徴を記録します。

　例えば，Johann Gottlieb Fichte の "Wissenschaftslehre" の場合，同じ 1804 年の 1st version と 2nd version を区別するために，"1st version" や "2nd version" を記録します。

　また，原著と翻訳は別の表現形ですが，同じ言語への翻訳でも訳者が異なれば別の表現形になります。このような場合には，言語だけではなく，訳者も明示する必要があります。

　例えば，プーシキンの「エフゲニー・オネーギン」の英訳の場合，Tom Beck 訳のものには "Beck"，Oliver Elton 訳のものには，"Elton" と記録します。

　また，映画「ブレードランナー」の場合，"Director's cut" や "Final cut" といった語を記録します。

　2003 年に Nelson Thornes と Yale University Press とから刊行された2種類のシェークスピア全集なら，出版者で区別できますので，"Nelson Thornes" や "Yale University Press" を記録します。

　（ここでも，「6.6　著作のその他の識別的特徴」と同様に，資源の版表示や訳者や出版者そのものは体現形の属性ですが，複数の表現形を区別するためにも記録します。）

　なお，音楽作品については 6.18 に，法的著作については 6.21 に，宗教的著作については 6.25 に，それぞれ個別の規定があります。

> 6.13　表現形のID
> 音楽著作への付加的指示
> 6.14　音楽著作のタイトル
> 6.15　演奏手段
> 6.16　音楽著作の番号表示（Numeric Designation of a Musical Work）
> 6.17　調（Key）
> 6.18　音楽著作の表現形のその他の識別的特徴
> 法的著作の付加的な指示
> 6.19　法的著作のタイトル
> 6.20　法的著作の日付
> 6.21　法的著作のその他の識別的特徴
> 6.22　条約の調印，その他（Signatory to a Treaty, Etc.）
> 宗教的著作と表現形の付加的な指示
> 6.23　宗教的著作のタイトル
> 6.24　宗教的表現形の日付
> 6.25　宗教的著作のその他の識別的特徴
> 広報についての付加的な指示
> 6.26　広報（Official communication）のタイトル

> 著作と表現形を表すアクセスポイント
> 6.27　著作と表現形を表すアクセスポイントの構成
> 6.27.1　著作を表すアクセスポイントの構成

　その著作の創作に責任のある個人・家族・団体と，著作の選定タイトルを組み合わせて構成します。

> Hemingway, Ernest, 1899-1961. Sun also rises
> John Paul II, Pope, 1920-2005. Speeches

6.27.3　表現形を表すアクセスポイントの構成

　著作を表すアクセスポイントに，コンテンツ種別，表現形の日付，表現形の言語，表現形のその他の識別的特徴を一つ以上付け加えます。

　Goncourt の小説"Frères Zemganno"の英訳の場合は，

> Goncourt, Edmond de, 1822-1896. Frères Zemganno. English

　Pushkin の Evgeniĭ Onegin の英訳の場合，異なる訳者の表現形がありますので，Tom Beck 訳のものの場合は，

> Pushkin, Aleksandr Sergeevich, 1799-1837. Evgeniĭ Onegin. English (Beck)

　全集の場合，別の年に出版された全集がある場合は，それと区別するために年を追加して，

> Wilde, Oscar, 1854-1900. Works. 2000

としますが，同じ年に別の出版者から出版された場合には，さらに出版者名を追加して，

> Shakespeare, William, 1564-1616. Works. 2003. Yale University Press

とし,他の表現形と区別できるようにします。

これらの個人・家族・団体の選定名と著作と表現形の典拠形アクセスポイントの関係を図に表したものが図1です。

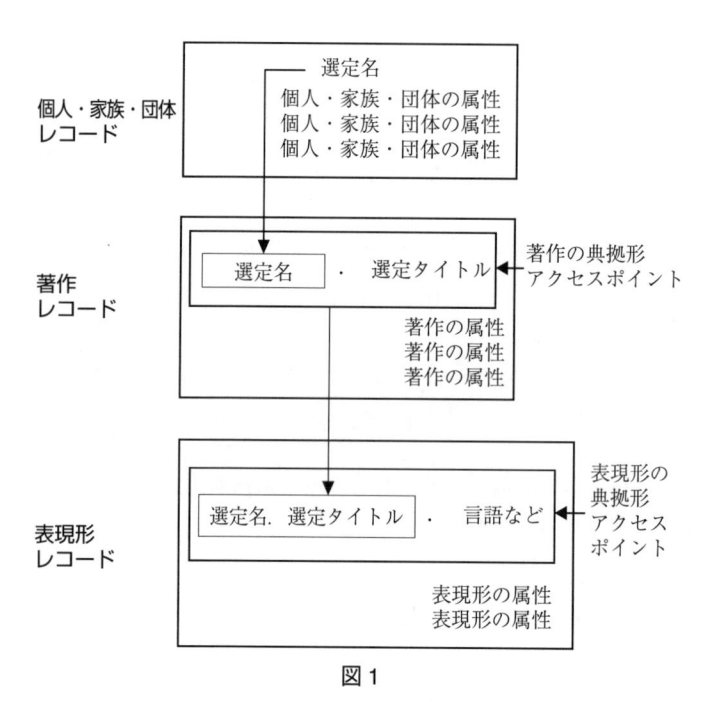

図1

> 音楽著作についての付加的な指示
> 6.28　音楽著作と表現形を表すアクセスポイントの構成
> 法的著作についての付加的な指示
> 6.29　法的著作と表現形を表すアクセスポイントの構成
> 宗教著作についての付加的な指示
> 6.30　宗教著作と表現形を表すアクセスポイントの構成
> 広報についての付加的な指示
> 6.31　広報を表すアクセスポイントの構成

(3) 7：内容の記述

> 7.0　目的と範囲
> 7.1　内容の記述総則
>
> 著作の属性
> 7.2　内容の性質（Nature of the Content）

"Field recording of birdsong" などが例としてあげられています。

> 7.3　内容の範囲（Coverage of the Content）

"Based on 1981 statistics" などが例としてあげられています。

> 7.4　地図資料の座標（Coordinates of Cartographic Content）

地図の緯度・経度を記録します。

> 7.5 昼夜平分点（Equinox）
> 7.6 元期（Epoch）
> 7.7 対象者（Intended Audience）

"For children aged 7-9" などです。

> 7.8 構成のシステム（System of Organization）

アーカイブ資料やコレクションについて，その構成を記録します。

> 7.9 学位論文（Dissertation or Thesis Information）

記述対象資料が学位論文のとき，AACR2 では，

> Thesis (Ph.D.)--University of Toronto, 1974

のように1行で注記を記述していました。

RDA ではエレメントを細かく分けるようになりましたが，この学位論文の注記もそれぞれの部分をエレメントに分けて，学位，授与機関，授与年のそれぞれについて規定されています。そしてここでもそれぞれのエレメントの記述のしかたのみ規定していて，どのフィールドに入力するかということは規定していませんので，例示は単にそれぞれの内容をあげているだけです。

7.9.2 学位（Academic Degree）

> Ph.D.
> Doctoral

7.9.3 授与機関（Granting Institution or Faculty）

> University of Toronto

7.9.4 授与年（Year Degree Granted）

> 2004

表現形の属性
7.10 内容の要約（Summarization of the Content）
7.11 取得場所と日付（Place and Date of Capture）

録音した場所と日付や，映画制作の場所と日付などです。

7.12 内容の言語（Language of the Content）

> Commentary in English
> Latin text; parallel English translation

7.13 表記の形式（Form of Notation）

"Devanagari"のような文字種など，表現される際に使用さ

れた文字や記号について記録します。

7.14 利用に関する内容 (Accessibility Content)

知覚障碍者の理解を助ける内容があれば記録します。
例として，

> Closed captioning in German
> Includes subtitles
> Open signed in American Sign language

があげられています。

7.15 図に関する内容 (Illustrative Content)

図がある場合, "illustration" や "illustrations" と記録します。ただし, 文字や数字だけの表は図ではありません。また, 図のあるタイトルページや小さな図は無視します。

"maps" や "portraits" など, 図の種類を記録するのは別法です。これは 1998 rev. 以降の AACR2 と同じなのですが, 1988 rev. までは本則で図の種類を記録することが規定されていましたので, 現在でも図の種類を記録するものと誤解している方もいらっしゃるようです。

別法を採用する場合は, "illustration" や "illustrations" の代わりに／に加えて, 図の種類を記録します。

（太字は RDA で追加になったものです。なお, "charts" は 1978 年版からの復活です。）

> **charts**, coats of arms, facsimiles, forms,
> genealogical tables, **graphs**, **illuminations**, maps,
> music, **photographs**, plans, portraits, samples

　この 7.15 の図や，7.17 の色，7.18 の音，7.19 の縦横比などは，AACR2 では形態事項の形態的記述エリアのその他の形態的細目として記録していましたので，体現形の属性のような気がしますが，RDA では内容に関する情報として表現形の属性として扱います。

7.16　補足的内容（Supplementary Content）

　補足的内容が含まれていて，同定や識別に重要であると考えられる場合には，その種類，大きさ，場所などを記録します。

> Includes index
> Bibliography: pages 859-910

7.17　色に関する内容（Colour Content）
7.18　音に関する内容（Sound Content）

　動画の音声を記録します。

> sound
> silent

7.19 縦横比 (Aspect Ratio)

動画の幅と高さの比を記録します。

> full screen
> wide screen

7.20 楽譜の形式 (Format of Notated Music)

> score
> condensed score

などです。

7.21 音楽の演奏手段 (Medium of Performance of Musical Content)

> For unaccompanied child's voice
> Reduction for clarinet and piano
> Part for piano only
> SA

などです。

7.22 時間 (Duration)

演奏時間などを記録します。

> 7.23 演奏者, 語り手, 司会者（Performer, Narrator, and/or Presenter）
> 7.24 芸術的・技術的役割表示（Artistic and/or Technical Credit）

芸術的, 技術的制作に貢献した個人・家族・団体を記録します。演出や録音技術者が例にあげられています。

> 7.25 縮尺（Scale）

地図などの縮尺を記録します。

> 7.26 地図の投影法（Projection of Cartographic Content）
> 7.27 地図のその他の詳細（Other Details of Cartographic Content）
> 7.28 賞（Award）
> 7.29 表現形の注記（Note on Expression）

表現形に関する注記を記録します。

> Volumes 1-3 in French, volumes 4-7 in German
> Volumes 3-5 lack illustrations
> Volumes 1, 4, and 8 lack indexes
> In French and English, 2002-2009
> （←現在はフランス語だけになっているウェブサイト）

1.3 セクション3 「個人・家族・団体の属性の記録」

(1) 8:個人・家族・団体の属性の記録総則

| 8.0 適用範囲 |
| 8.1 用語 |
| 8.2 機能的目的と原則 |

目的:個人・家族・団体の属性を記録したデータは,ユーザーに以下のことを可能にするものでなければならない。
a) **発見**:ユーザーが検索するものに一致する個人・家族・団体を発見する。
b) **同定**:データが表す個人・家族・団体を同定する。すなわち,データが表す個人・家族・団体が求めるものであることを確証する,もしくは複数の似たようなあるいは同じ名称の個人・家族・団体を区別する。
c) **関係の理解**:個人・家族・団体を表すために使用されている名称と,その個人・家族・団体が知られている他の名称との関係を理解する(別言語の名称など)。
d) **理由の理解**:なぜその選定名や異形名称が選択されたのかを理解する。

そのために,

原則:次の原則が適用される。
識別:データは,それが表す個人・家族・団体と他の個人・家族・団体を識別するのに役立たなければならない。

表現：個人・家族・団体の選定名称として選ばれた名称は，
a) 個人・家族・団体に関する情報源に最も普通に見出されるものでなければならない。
または，
b) データ作成機関が採用した言語や文字において一般的に受け入れられているものでなければならない。
その他の名称は異形名称として記録される。

8.3 コアエレメント

個人については以下のものがコアエレメントです。

　選定名（Preferred name for the person）
　個人の称号（Title of the person）
　誕生日（Date of birth）
　死去日（Date of death）
　その他の情報（Other designation associated with the person）
　職業または専門分野（その氏名が人名であるとわかりにくい場合）
　個人のID（Identifier for the person）

他と区別するためには以下のものを記録します。

　名前の完全形（Fuller form of name）
　職業または専門分野（Profession or occupation）
　活動期間（Period of activity of the person）

家族については以下のものがコアエレメントです。

　家族の選定名称（Preferred name for the family）
　家族の種類（Type of family）
　家族に関係する日付（Date associated with the family）
　家族のID（Identifier for the family）

他と区別するために以下のものを記録します。

　家族に関係する場所（Place associated with the family）
　家族の著名なメンバー（Prominent member of the family）

団体のコアエレメントは以下のとおりです。

　団体の選定名称（Preferred name for the corporate body）
　会議の場所など（Location of conference, etc.）
　団体に関係する日付（Date associated with the corporate body）など
　関係する団体（会議などについて，団体名が地域名よりもより同定しやすい場合，もしくは地域名が不明な場合）
　会議の回次など（Number of a conference, etc.）
　団体に関係するその他の情報（団体名が団体であるとわかりにくい場合）（Other designation associated with the corporate body (for a body whose name does not convey the idea of a corporate body)）
　団体のID（Identifier for the corporate body）

これらに加えて，他と区別するためには以下のものを記録します。

　本部の場所（Location of headquarters）
　関係する団体（Associated institution）
　団体に関係するその他の指示子（Other designation associated with the corporate body）

8.4　言語と文字

情報源にある言語と文字で記録します。翻字は別法になりました。

8.5　名称の記録総則

大文字使用法は Appendix A.2 によります。

アクセント符号は情報源にある場合はあるままを記録し，省略されている場合は追加します。これは資料中に表示されているままを転記するものではなく，アクセスポイントを形成する標目形だからです。

個人・家族のイニシャルはスペースを空けます。

```
Rowling, J. K.
A. Hafiz Anshary A. Z.
A. E. I. O. U.
```

略語との間は離します。

> Dr. X
> Mrs. R. F. D.
> Flamanville, Mme de

一方，団体名のイニシャルは詰めます。

> J.A. Folger and Company
> B.B.C. Symphony Orchestra
> ← B. B. C. Symphony Orchestra
> IEEE
> ← I E E E

8.6　個人・家族・団体の典拠形アクセスポイント

個人については9章，家族は10章，団体は11章に詳しく規定されています。

8.7　個人・家族・団体の異形アクセスポイント
8.8　使用範囲

選定名称として選択した名称に関する著作の種類や形式を記録します。例えば，C. Day Lewis について，

> Name used in poetry and critical works

同じ C. Day Lewis のペンネームである，Nicholas Blake に

ついて,

> Name used in detective novels

8.9 使用期間

Howard Fast という名前の使用期間として,

> 1933-2000

Howard Fast のペンネームである，E.V. Cunningham という名前の使用期間として,

> 1960-1986

8.10 同定の状態

典拠形アクセスポイントを設定する情報が十分な場合,

> fully established

典拠形アクセスポイントを設定する情報が不十分な場合,

> provisional

資料を確認できない記述から情報を記録した場合,

preliminary

8.11 未区分名称標識 (Undifferentiated Name Indicator)

同姓同名との区別が十分でない場合に,

undifferentiated

と記録します。

8.12 参照した情報源

名前その他の属性を決定する際に使用した情報源を記録します。

Advances in cable-supported bridges, ©2006: back cover (papers presented at the 5th International Cable-Supported Bridge Operators' Conference, held in New York City on August 28-29, 2006)

Rodgers, Sam. Opinions of military personnel on sexual minorities in the military, ©2006: PDF title page (Michael D. Palm Center)

Her Big book of baby names, ©1982, title page: Sandra Buzbee Bailey

8.13 カタロガー注記

典拠形アクセスポイントを使用したり改訂したりするために有効な注釈を記録します。

> French form of forename chosen for authorized access point; works published in U.S. have English form, Isidor
>
> Author prefers that Chinese form of name (Li Zhongqing) be used in access points for resources in Chinese and that English form (James Z. Lee) be used for resources in English

これは，レコードの維持・管理のための情報を記録するものです。

(2) 9：個人の同定

9.0　目的と範囲
9.1　個人の同定総則
9.2　個人の名前
9.3　個人に関する日付
9.4　個人の称号（Title of the Person）
9.5　名前の完全形（Fuller Form of Name）
9.6　個人に関するその他の指示子（Other Designation Associated with the Person）
9.7　性（Gender）
9.8　生誕地

9.9　死去地
9.10　個人に関する国
9.11　居住地（Place of Residence）
9.12　個人の宛先（Address of the Person）
住所だけではなく，メールアドレスも含まれます。
9.13　所属（Affiliation）
9.14　個人の言語（Language of the Person）
9.15　個人の活動地（Field of Activity of the Person）
9.16　職業もしくは仕事（Profession or Occupation）
9.17　伝記情報（Biographical Information）
9.18　個人のID（Identifier for the Person）
9.19　個人を表すアクセスポイントの構成（Constructing Access Points to Represent Persons）

(3) 10：家族の同定

10.0　目的と範囲
10.1　家族の同定総則
10.2　家族の名称
10.3　家族の種類（Type of Family）
10.4　家族に関する日付（Date Associated with the Family）
10.5　家族に関する場所（Place Associated with the Family）
10.6　家族の著名なメンバー（Prominent Member of the Family）
10.7　世襲の称号（Hereditary Title）
10.8　家族の歴史（Family History）
10.9　家族のID（Identifier for the Family）

> 10.10 家族を表すアクセスポイントの構成（Constructing Access Points to Represent Families）

(4) 11：団体の同定

> 11.0 目的と範囲
> 11.1 団体の同定総則
> 11.2 団体の名称
> 11.3 団体にかかわる場所
> 11.4 団体にかかわる日付
> 11.5 関連する組織（Associated Institution）
> 11.6 会議の回次など（Number of a Conference, Etc.）
> 11.7 団体に関するその他の名称
> 11.8 団体の言語
> 11.9 団体の所在地
> 11.10 団体の活動分野
> 11.11 団体の歴史
> 11.12 団体のID
> 11.13 団体を表すアクセスポイントの構成（Constructing Access Points to Represent Corporate Bodies）

1.4 セクション4 「概念・物・出来事・場所の属性の記録」

> 12：[概念・物・出来事・場所の属性の記録総則]
> 13：[概念の同定]
> 14：[物の同定]
> 15：[出来事の同定]

> 16：場所の同定

12～15 は 2014 年 1 月現在，未刊です。

セクション 5～10（関連の記録）

RDA の前半ではそれぞれの実体について，その属性を記録することが規定されていましたが，後半のセクション 5 からセクション 10 では，これらの実体の間の関連の記録を扱います。

関連の記録といっても，関連そのものを記録する特別な方法があるわけではなく，関連する相手の実体の ID や典拠形アクセスポイントを記録したり，複合記述を用いて記録します。これらを記録することで相手先と関連があることを表現し，さらにその関連の種類を明記することでその関連の内容を表現します。

ただし，例えば著作，表現形，体現形についてそれぞれのレコードを作成する場合と，著作，表現形，体現形を一つのレコードに記録する場合とでは，当然これらの関連を記録する場所が異なります。RDA ではレコードの構成を規定していないため，どこに記録するのかを明示できないというもどかしさがあります。もっとも単純なのは，著作，表現形，体現形，個別資料のそれぞれについてレコードを作成するケースですので，そのような場面を想い描きながら以下の説明を読んでいただくとよいと思います。

さらに，こうして関連づけられたものをどのように処理するか，どのように表示するかはシステムの機能であり，記述内容の規則である RDA では扱われていません。

関連の種類を図に示したのが次の図です。

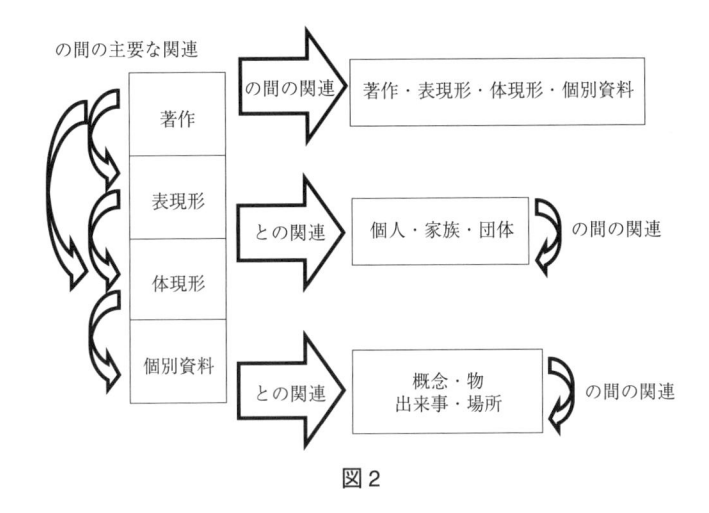

図2

1.5 セクション5 「著作,表現形,体現形,個別資料の間の主要な関連の記録」

17 主要な関連の記録総則

「著作,表現形,体現形,個別資料の間の主要な関連の記録」では,記述対象資料について,著作−表現形−体現形−個別資料の関連を記録するのですが,記述対象資料そのものが体現形ですので,その体現形を基本として,その著作,表現形,個別資料の関連を表せばよいことになります。

著作,表現形,体現形,個別資料の間の主要な関連の記録の機能的目的は,

> ユーザーが,
> 1) 特定の著作や特定の表現形を具体化したすべての資源を発見する
> 2) 特定の体現形を例示したすべての個別資料を発見することを可能にする

というものです。

FRBRでの四つの実体間の関連は,

　著作 ⇔ 表現形
　表現形 ⇔ 体現形
　体現形 ⇔ 個別資料

の三つですが,RDAではこれに加えて,表現形が明示されない関連として,

　著作 ⇔ 体現形

を追加しています。

そしてそれぞれについて双方向の関連を扱っています。例えば,著作と表現形との関連であれば,著作の表現形と表現された著作の2種類があります。著作の表現形は,著作のレコードに表現形を表すIDを記録します。逆に,表現された

著作の場合は，表現形のレコードに著作を表す ID などを記録します。同じ著作でも，体現された著作の場合は体現形のレコードに著作を表す ID などを記録するというように，記録する場所が異なります。

記録の方法としては，それぞれの実体の属性として記録してある ID または典拠形アクセスポイントを記録するか，もしくは複合記述として記録するかのいずれか一つ以上を用いて記録します。

ID

関連する著作，表現形，体現形，個別資料を記録する場合に使用します（著作の ID は 6.8 に，表現形の ID は 6.13 に，体現形の ID は 2.15 に，個別資料の ID は 2.19 にそれぞれ規定されています）。

ISWC: T-072.106.546-8
Cole Porter の I love Paris の International Standard Musical Work Code

VA 1-403-863 U.S. Copyright Office
ミネソタ州のハイウェイマップの Copyright registration number

http://larvatusprodeo.net
ブログ Larvatus prodeo の URI

ISBN 978-1-59688-083-2

> Joseph Conrad の The secret agent の大活字体現形の ISBN

典拠形アクセスポイント

関連する著作，もしくは表現形を記録する場合に使用します（著作の典拠形アクセスポイントは 6.27.1 と 6.27.2 に，表現形の典拠形アクセスポイントは 6.27.3 に規定されています）。

> 著作：United States. Constitution of the United States
> 表現形：United States. Constitution of the United States. Lao

複合記述

体現形の記述に，著作と表現形の一方または両方を同定する要素とを組み合わせて記録します。

> Beethoven, Ludwig van, 1770-1827. Sonatas,
> violin, piano, no. 2, op. 12, no. 2, A major. Allegro piacèvole;
> arranged
> Divertimento, op. 12, no. 2 / L. van Beethoven ; transcribed
> for woodwind by George J. Trinkaus. ―
> New York : M. Witmark & Sons, ©1933. ―
> Arranged for flute, oboe, clarinet, horn, and bassoon
> （体現形の記述に，音楽作品の演奏手段（表現形の属性）を結合させたもの）

以下にそれぞれの場合について逐一例示があり，それぞれの例が異なっているのでとまどうかもしれませんが，例えば

著作の場合，表現された著作も体現された著作も同じ著作ですから，これらを表す ID や典拠形アクセスポイントは同じものを使用できます。そしてデータベースの構造が，著作，表現形，体現形，個別資料についてそれぞれのレコードを作成する構成である場合には，表現された著作は表現形のレコードに，体現された著作については体現形のレコードに記録することになります。

　ここで少し脱線して，NACSIS-CAT の書誌レコードのフィールド構造を見てみましょう。
　NACSIS-CAT では，VT（Variant Title）というフィールドがあり，そこにその他のタイトルとタイトルの種類を記入することができるようになっています。
　このフィールドでは，「タイトルの種類：タイトル」という構造になります。
　例えば，翻訳書の原書名が万葉集である場合，タイトルの種類は「OR」ですので，

　　VT:OR:万葉集‖マンヨウシュウ

となります（「‖」は漢字エリアとヨミを区切る記号です）。
　このようにして，関連する著作のタイトルが「万葉集」であり，タイトルの種類「OR」は，この著作との関連の種類が原書名であるということを表しているのだと考えられます。
　また統一書名を記録するフィールドとして UTL フィールド（Uniform Title Link）があります。
　このフィールドの構造は，

> 統一書名典拠レコードの標目＜統一書名典拠レコード ID ＞その他の情報

です。

VT フィールドとは異なり，UTL フィールドは統一書名典拠レコードにリンクを張ることができます。リンクを張るというのは，書誌レコードの UTL フィールドにリンク先の統一書名典拠レコード ID を記入することです。これにより，ID を記入した書誌レコードから，その ID を持つ統一書名典拠レコードにたどり着くことができるようになります。また，その ID を持つ統一書名典拠レコードの標目の部分が UTL フィールドに表示されるようになっています。

そして，その他の情報には，言語，版，刊行年等を記入します。これはまさに RDA において表現形を特定する属性です。

先にも例にあげた万葉集の場合，中国語版であれば

> UTL:万葉集 || マンヨウシュウ＜ EA00003539 ＞中国語

となります。

「万葉集 || マンヨウシュウ」の部分が RDA の典拠形アクセスポイントに相当し，「＜ EA00003539 ＞」が ID に，「中国語」が表現形の言語にほぼ対応しています。

RDA では入力や表示のシステムを限定しないために抽象的な表現になっていますが，関連を記録するということは，以上のような NACSIS-CAT のリンク構造と同じものであると考えられます。

「17.5 著作の表現形（Expression of work）」と「17.6 表現された著作（Work expressed）」では，著作と表現形の関連を記録することを規定しています。

17.5　著作の表現形（Expression of work）

表現形の ID，典拠形アクセスポイント，複合記述を記録します。

表現形の ID

> 1011A7775E
> （Margaret Atwood の The handmaid's tale のスロヴァキア語の翻訳に対する，カナダ国立図書館・公文書館のコントロール番号）
>
> n 80008554（Edmond de Goncourt の Les frères Zemganno の英語訳に対する米国議会図書館のコントロール番号）

表現形の典拠形アクセスポイント

> Qur'an. Spoken word
> （コーランの口語版）
>
> United States. Constitution of the United States. Lao
> （アメリカ合衆国憲法のラオ語版）

17.6　表現された著作（Work expressed）

著作のID，典拠形アクセスポイント，複合記述を記録します。

著作の ID

> ISWC (International Standard Musical Work Code)
> LCCN

著作の典拠形アクセスポイント

> Qur'an
> United States. Constitution of the United States
> Mozart, Wolfgang Amadeus, 1756-1791. Kleine Nachtmusik
> Straits times (Kuala Lumpur, Malaysia)

複合記述

> The three evangelists / Fred Vargas ; translated from the French by Siân Reynolds. — London : Vintage Books, 2006. —Translation of: Debout les morts
> （体現形の記述に著作を結合させたもの）

「17.7　著作の体現形（Manifestation of work）」と「17.8　体現された著作（Work manifested）」では，著作と体現形の関連を記録することを規定しています。

17.7　著作の体現形（Manifestation of work）

体現形を表すものを記録します。体現形にはアクセスポイントはありませんので，IDか複合記述のどちらかまたは両方を記録します。

体現形の ID

ISSN 1440-0960
(Australasian journal of dermatology のオンライン版の ISSN)

ISBN 978-1-59688-083-2
(Joseph Conrad の The secret agent の大活字版の ISBN)

Roadshow Entertainment: 1034539
(Ocean's eleven の 2001 年の映画の DVD 版の発行者番号)

17.8 体現された著作 (Work manifested)

著作の ID, 典拠形アクセスポイント, 複合記述を, 体現形のレコードに記録します。コアエレメントです。

著作の ID

Library of Congress control number: n 80025571
(Identifier for Joseph Conrad の The secret agent の ID)

著作の典拠形アクセスポイント

Larvatus prodeo

Écho (Louiseville, Québec)

Ocean's eleven (Motion picture : 2001)

複合記述

> Gabriella's Book of fire / Venero Armanno. — New York : Hyperion, 2000. — Original title: Firehead
> (体現形の記述と結合させた著作の原書名)

「17.9　表現形の体現形（Manifestation of expression）」と「17.10　体現された表現形（Expression manifested）」では、表現形と体現形の関連を記録することを規定しています。

17.9　表現形の体現形（Manifestation of expression）

体現形を表す情報を記録します。

体現形の ID

> ISBN 99918-42-25-X
> (Shakespeare の Julius Caesar のフェロー語翻訳の体現形の ISBN)
>
> ISMN M-006-52070-1
> (Mozart の Eine kleine Nachtmusik の弦楽四重奏の表現形の，印刷物の体現形の ISMN)
>
> VCI Entertainment: 8202
> (映画 Uccello dalle piume di cristallo の英語吹き替え版体現形の DVD の発行者番号)

複合記述

> My cousin, my husband : clans and kinship in Mediterranean societies / Germaine Tillion ; translated from the French by Quintin Hoare. — London : Saqi Books, 2007. — Translation of: Le harem et les cousins. Paris : Éditions du Seuil, 1966. This translation first published as The republic of cousins
> (体現形の記述と組み合わせた表現形に関係する異形タイトル)

17.10 体現された表現形（Expression manifested）

表現形を表す情報を，体現形に記録します。

表現形のID

> Library of Congress control number: n 2001092139
> (ShakespeareのJulius Caesarのフェロー語翻訳のID)

> Library of Congress control number: no2008110036
> (William LanglandのPiers PlowmanのB-text版のID)

表現形の典拠形アクセスポイント

> Dickens, Charles, 1812-1870. Bleak house. Spoken word

> Blade runner (Motion picture : Final cut)

> Bacewicz, Grażyna. Sonatas, violin, no. 2; arranged

複合記述

> Keep swingin' / Julian Priester. — Berkeley, CA : Riverside, [1995]. — Place of capture: Reeves Sound Studios, New York City. — Date of capture: January 11, 1960. — Riverside: OJCCD-1863-2
> (体現形の記述と組み合わせた表現形の録音場所と日付)

(この例では表現形の属性である録音場所と日付だけを体現形の記述と組み合わせています。)

「17.11 体現形の一例示 (Exemplar of manifestation)」と「17.12 例示された体現形 (Manifestation exemplified)」では, 体現形と個別資料の関連を記録することを規定しています。

17.11 体現形の一例示 (Exemplar of manifestation)

個別資料の ID

> YK.2001.a.5815
> (Michael Clark の "The concise Oxford dicitonary of art terms" の大英図書館の配架記号)
>
> E887.C55 A3 2003 c.2
> (2003 Simon & Schuster が 2003 年に印刷した Hillary Clinton の "Living history" のワシントン州立大学図書館の 2 冊目の請求記号)
>
> Score M452.M69 K.525 1964

（Mozartの弦楽四重奏のためのEine kleine Nachtmusikの1964年版のグリフィス大学図書館の請求記号）

17.12 例示された体現形（Manifestation exemplified）

体現形のID

British national bibliography number: GBA1-Z5901
（Michael Clarkeの『The concise Oxford dictionary of art terms』の2001年印刷の体現形のID）

Libraries Australia system control number: 000013619137
（Robert Schumannの『Carnaval』の楽譜の表現形の1997年の点字体現形のID）

ISBN 978-0-8416-5457-0
（『Chicagoland seven county 2007 street atlas』の大活字体現形のISBN）

ここで，主要な関連について整理してみましょう。

著作

17.6 表現された著作（Work expressed）
17.8 体現された著作（Work manifested）

著作についてはこの2種類です。一つ下のレベルの表現形との関連と，表現形を明示しないで体現形と直接関連づける場合の体現形との関連です。

1章 RDAの主要項目の訳と解説………157

表現形
 17.5 著作の表現形（Expression of work）
 17.10 体現された表現形（Expression manifested）

　表現形も二つです。一つ上の著作との関連と，一つ下の体現形との関連です。

体現形
 17.7 著作の体現形（Manifestation of work）
 17.9 表現形の体現形（Manifestation of expression）
 17.12 例示された体現形（Manifestation exemplified）

　体現形に関する関連は3種類あります。
　一つ上の表現形との関連，一つ下の個別資料との関連，そして表現形を明示せずに直接著作と関連づけた関連の3種類です。

個別資料
 17.11 体現形の一例示（Exemplar of manifestation）

　個別資料との関連は一つしかありません。つまり，一つ上の体現形との関連だけです。

1.6 セクション6 「個人・家族・団体との関連の記録」

(1) 18：資料に関係する個人・家族・団体との関連の記録総則

18.0 適用範囲
18.1 用語
18.2 機能的目的と原則

機能的目的

　ユーザーが，ある特定の個人・家族・団体に関係のあるすべての資源を発見することを可能にする，というものです。

　そしてそのために，データは資源とその資源に関係する個人・家族・団体とのすべての重要な関連を反映させなければならない，とされています。

18.3　コアエレメント

　創作者（1名のみ）がコアエレメントです。

　その他の個人・家族・団体がその著作の典拠形アクセスポイントを構成する場合は，その個人・家族・団体もコアエレメントです。

18.4　資源に関係する個人・家族・団体との関連の記録

　記録に際しては，ID，典拠形アクセスポイントのいずれかまたは両方を用いて記録します。
　（ここで記録するアクセスポイントは，先に著作，表現形，

1章　RDAの主要項目の訳と解説………159

体現形,個別資料の間の主要な関連のところで見た著作や表現形のものではなく,個人・家族・団体のアクセスポイントです。なお,個人の ID は 9.18 に,家族の ID は 10.9 に,団体の ID は 11.12 に規定されています。また,個人の典拠形アクセスポイントは 9.19.1 に,家族の典拠形アクセスポイントは 10.10.1 に,団体の典拠形アクセスポイントは 11.13.1 に規定されています。)

そして,個人・家族・団体が果たす役割を示すために,関連指示子を記録します(関連指示子については 18.5 に規定されています)。

ID

> Library and Archives Canada control number: 0062A7592E
> (Canadian Lesbian and Gay History Network newsletter の発行主体である Canadian Lesbian and Gay History Network の ID)

典拠形アクセスポイント

> Canadian Lesbian and Gay History Network

18.5 関連指示子

資源と個人・家族・団体との関連の性質を示す関連指示子を,Appendix I のリストから選択して記録します。

> author
> film producer

もし適切な語がリストにない場合は、関連をできるだけ簡潔に示す語を用いることができます。

ここで再びNACSIS-CATのフィールド構造を見てみましょう。NACSIS-CATの書誌レコードで著者の標目形を記録するのはAL（Author Link）フィールドです。
ALフィールドの構造は

著者名典拠レコードの標目＜著者名典拠レコードID＞その他の情報

です。
その他の情報としては役割表示を記録することができるようになっています。

AL:久松, 潜一(1894-1976)|| ヒサマツ, センイチ＜DA00384081＞著

この例の場合、「久松, 潜一(1894-1976)」の部分が典拠形アクセスポイントに相当し、「＜DA00384081＞」がIDに、「著」が関連指示子に対応しているといえます。

18.6 資源に関係する個人・家族・団体に関する注記

19章から22章にかけて、著作に関係する個人・家族・団体、表現形に関係する個人・家族・団体、体現形に関係する個人・家族・団体、個別資料に関係する個人・家族・団体が規定さ

れています。それぞれについて見ていく前に，おもな関連を一覧にしてみましょう。

	・・・に関係する個人・家族・団体
著作	創作者（著者など） その他（名宛人，記念論文集の被記念者，映画監督，映画撮影技師，出資団体，制作会社，展覧会やイベントを開催した団体など）
表現形	貢献者（編集者，挿図画家，翻訳者，音楽の編曲者，演奏者など）
体現形	非出版物の制作者 出版者 発売者 製作者 その他（装丁デザイナーなど）
個別資料	所有者 管理者 その他（管理人，製本者，修復者など）

(2) 19：著作に関係する個人・家族・団体

関連指示子が Appendix I.2 に列挙されていますので，こちらを見ていきましょう。

表にあったように，著作に関係する個人・家族・団体との関連指示子は，創作者とその他に分けられます。

創作者の関連指示子

> 建築家，画家，著者，地図製作者，振付師，編集者，作曲者，デザイナー，立法者，映画制作者，インタビューされる人，インタビューする人，創案者，写真家，代表者，プログラマー

著作に関連するその他の個人・家族・団体の関連指示子

> 被記念者，上訴人，被上訴人，コンサルタント，管轄法廷，被献呈者，献呈人，被告人，学位授与機関，学位監督者，監督，写真監督，受賞者，主催者，発行団体，裁判官，管轄司法，原告，制作者，制作会社，出資団体

(3) 20：表現形に関係する個人・家族・団体

こちらも Appendix I.3 の一覧を見ていきましょう。表現形に関係するのは貢献者（contributors）です。

> 要約者，アニメーター，編曲者，アートディレクター，振付師，作曲者，衣装デザイナー，法廷記者，製図技師，編集者，イラストレーター，インタビューされる人，インタビューする人，音楽監督，演奏者，司会者，プロダクション・デザイナー，録音技師，録音者，演出家，調査者，書記，翻訳者，注釈者，付加的テキスト著者

(4) 21：体現形に関係する個人・家族・団体

体現形に関係する個人・家族・団体の関連指示子は，Appendix I.4 に列挙されています。

体現形に関連する指示子については，本則で規定されてい

る内容と順序と Appendix I.4 で規定されている内容と順序とが異なっています。本則では先の表にある順ですが，Appendix では，製作者，出版者，発売者の順であり，制作者やその他はありません（本則でその他に分類されていたものは，Appendix では製作者に含まれています）。ここでは Appendix の方を見ていきましょう。

製作者（Manufacturers）の関連指示子

> 装丁デザイナー，点字製作者，鋳造者，コロタイプ印刷者，彫刻家（彫師），エッチング師，石版師，製版者，印刷者，印刷原版製作者

出版者（Publishers）の関連指示子

> 放送者（broadcaster）

発売者（Distributors）の関連指示子

> 映画配給会社（film distributor）

(5) 22：個別資料に関係する個人・家族・団体

個別資料に関係する個人・家族・団体の関連指示子は Appendix I.5 に列挙されています。

個別資料の関連指示子も本則と Appendix とでは若干の相違があります。本則では表で見たように，所有者，管理者，その他に大別していますが，Appendix では所有者とその他に分けています。

所有者（Owners）の関連指示子
> 現所有者，旧所有者

個別資料に関係するその他の個人・家族・団体との関連指示子
> 注釈者，肉筆筆記者，製本者，管理者，被献呈者，受賞者，彩飾者，銘記者，修復者

1.7 セクション7 「概念・物・出来事・場所との関連の記録」

(1) 23：著作の主題の記録総則

未刊です。

「著作の主題」とあるように，「概念・物・出来事・場所との関連」は，著作とその主題としての概念・物・出来事・場所との関連を指します（第Ⅱ部「1.4 概念モデル（FRBR）」の図8「主題の関連」参照）。

1.8 セクション8 「著作，表現形，体現形，個別資料の間の関連の記録」

(1) 24：著作，表現形，体現形，個別資料の間の関連の記録総則

24.0	適用範囲
24.1	用語
24.2	機能的目的と原則

著作，表現形，体現形，個別資料の間の関連の記録の機能的目的は，ユーザーが，

- a) 発見：検索してヒットしたデータに関連する著作，表現形，体現形，個別資料を発見する。
- b) 理解：複数の著作，表現形，体現形，個別資料の関連を理解する。

ことを可能にしなければならない，というものです。
　そしてそのために，関連する著作，表現形，体現形，個別資料の間のすべての重要な書誌的関連を反映させなければなりません。

24.3　コアエレメント

　著作，表現形，体現形，個別資料の間の関連にはコアエレメントはありません。

24.4　著作，表現形，体現形，個別資料の記録

　記録にあたっては，関連する著作と表現形は，ID，典拠形アクセスポイント，記述で表します。関連する体現形と個別資料は（体現形と個別資料にはアクセスポイントがありませんので），ID，記述で表します。
　そして関連の性質を表すために関連指示子を記録します。
　また，同定やアクセスに重要であると考えられる場合には，より大きな著作の中の部分を表す番号を記録します。

(著作の ID は 6.8 に，表現形の ID は 6.13 に，体現形の ID は 2.15 に，個別資料の ID は 2.19 にそれぞれ規定されているものです。また，著作の典拠形アクセスポイントは 6.27.1 と 6.27.2 に，表現形の典拠形アクセスポイントは 6.27.3 に規定されています。)

記述には，構造化記述と非構造化記述の 2 種類があります。
構造化記述というのは，目録カードに記述していたような構造を持たせて記述する方法です。
非構造化記述は，NOTE に記述するように平坦な文章で記述するものです。

構造化記述の例：

Reprint of: Venice / by Cecil Roth. — Philadelphia : The Jewish Publication Society of America, 1930. — (Jewish communities series)

Supplement: Forbes ASAP. — New York, NY : Forbes, 1992-2001. — Absorbed by: Forbes, September 2001

Filmed with: Russkie skazki Vostochnoĭ Sibiri / sbornik Aleksandra Gurevicha. — Irkutsk : Ogiz, 1939

Facsimile of: 2nd edition, revised. — London : Routledge, 1877
(関連する資源の部分的な記述)

非構造化記述の例：

> Reprint of the revised and updated edition published in 1971 by Farrar, Straus & Giroux
>
> Original letters in the collection of the Watkinson Library, Trinity College, Hartford, Connecticut
>
> Related materials providing visual documentation of racially segregated facilities may be found in the following collections in this repository: Birmingfind Project Photographs and Common Bonds Project Photographs
>
> Filmed with three other titles

24.5 関連指示子

Appendix J のリストから選択します。

> continued by
> motion picture adaptation of
> augmented by

リストにない場合は関連をできるだけ簡潔に示す語を用います。

24.7 参照した情報源（Source Consulted）
24.8 カタロガー注記

この2項は，レコードの維持・管理のために記録するものです。

　25章から28章にかけて，関連する著作，関連する表現形，関連する体現形，関連する個別資料の記録について規定されています。記録のしかたは「24.4　著作，表現形，体現形，個別資料の記録」で見たとおりですので，ここでは順に関連指示子を見ていきます。これによりどのような実体を関連する著作，表現形，体現形，個別資料として記録すべきなのかがイメージしやすくなると思います。

　関連指示子はAppendix Jに種類ごとにあげられていますが，ほとんどの関連指示子には対になる語がセットになっています。例えば，ある著作Aが他の著作Bの要約である場合，著作Aは著作Bの要約であるともいえますし，著作Bは著作Aとして要約されている，ともいえるわけです。そのため，双方のレコードに記録できるように双方向の関連指示子があげられているのです。ここではそのうちのごく一部のみを，対になる語を示しながらあげることにします。

　総則に書かれている関連指示子の例をまとめたのが次の表です。

	おもな例
関連する著作	翻案（an adaptation） 注釈（a commentary） 補遺（a supplement） 続編（a sequel） 全体に対する部分（a part of a larger work）
関連する表現形	改訂版（a revised version） 翻訳（a translation）

関連する体現形	他の媒体の体現形（a manifestation in a different format） 特別号（special issue of）
関連する個別資料	マイクロ資料の元となった個別資料（an item used as the basis for a microform reproduction）

　それでは，関連する著作，表現形，体現形，個別資料の関連指示子を順に見ていきます。

(2) 25：関連する著作

　関連する著作の関連指示子は Appendix J.2 に列挙されています。

派生的著作関係（J.2.2）

　based on (work) ⇔ derivative work

　　元になった著作とそこから派生した著作です。

　　abridgement of (work) ⇔ abridged as (work)

　　　要約

　　adaptation of (work) ⇔ adapted as (work)

　　　翻案。さらに細かく分かれています。

　　　motion picture adaptation of (work) ⇔ adapted as a motion picture (work)

　　　　映画への翻案

　　　novelization of (work) ⇔ novelization (work)

　　　　ノベライズ

　　　screenplay based on (work) ⇔ adapted as a screenplay (work)

　　　　脚本化

motion picture screenplay based on (work) ⇔ adapted as a motion picture screenplay (work)

映画脚本化

free translation of (work) ⇔ freely translated as (work)

自由翻訳。原作に忠実に翻訳したものは著作, 表現形, 体現形, 個別資料の間の主要な関連のうちの著作=表現形の関連ですが, 原作を元にして創作的に翻訳したものは別の著作として扱います。

imitation of (work) ⇔ imitated as (work)

模倣

parody of (work) ⇔ parodied as (work)

パロディー

記述的著作関係（J.2.3）

description of (work) ⇔ described in (work)

他の著作を主題とした著作です。

commentary on (work) ⇔ commentary in (work)

注釈

critique of (work) ⇔ critiqued in (work)

批評

全体=部分著作関係（J.2.4）

contained in (work) ⇔ contains (work)

他の著作を含む関係です。

in series (work) ⇔ series contains (work)

シリーズに属する

付属著作関係 (J.2.5)

> augmented by (work) ⇔ augmentation of (work)

他の著作に追加される著作です。

> appendix (work) ⇔ appendix to (work)

補遺

> index (work) ⇔ index to (work)

索引

> complemented by (work) ⇔ complemented by (work)

他の著作を補足する関係です。

> libretto (work) ⇔ libretto for (work)

歌劇などの歌詞

> screenplay (work) ⇔ screenplay for (work)

シナリオ

> motion picture screenplay (work) ⇔ screenplay for the motion picture (work)

映画の脚本

先に派生的著作関係で見た脚本化は,例えばある小説を元にして映画の脚本に書き直した場合に,元の小説とその脚本との関係を表すものでした。ここで扱うのは,映画とその脚本のようにそれぞれ別の著作ではあるが相互に補完するような関係です。

継続著作関係 (J.2.6)

> preceded by (work) ⇔ succeeded by (work)

継続関係です。

> absorbed (work) ⇔ absorbed by (work)

吸収前誌(後誌)

> continues (work) ⇔ continued by (work)

継続前誌（後誌）

> merger of (work) ⇔ merged with … to form … (work)

吸収前誌（後誌）

(3) 26：関連する表現形

関連する表現形の関連指示子は Appendix J.3 に列挙されています。

著作の関連指示子とほぼ同じものがあげられていますが，別の著作として扱うか，あるいは同じ著作の別の表現形として扱うかによって使い分けます。

派生的表現形関係（J.3.2）

> based on (expression) ⇔ derivative expression
> 　abridgement of (expression) ⇔ abridged as (expression)
> 　adaptation of (expression) ⇔ adapted as (expression)
> 　　motion picture adaptation of (expression) ⇔ adapted as a motion picture (expression)
> 　　novelization of (expression) ⇔ novelization (expression)
> 　　screenplay based on (expression) ⇔ adapted as a screenplay (expression)
> 　　　motion picture screenplay based on (expression) ⇔ adapted as a motion picture screenplay (expression)
> 　free translation of (expression) ⇔ freely translated as (expression)
> 　imitation of (expression) ⇔ imitated as (expression)

> parody of (expression) ⇔ parodied as (expression)

記述的表現形関係（J.3.3）

> description of (expression) ⇔ described in (expression)
> commentary on (expression) ⇔ commentary in (expression)

注釈

> critique of (expression) ⇔ critiqued in (expression)

批評

全体=部分表現形関係（J.3.4）

> contained in (expression) ⇔ contains (expression)

表現形の全体=部分関係はこれだけです。

付属表現形関係（J.3.5）

> augmented by (expression) ⇔ augmentation of (expression)
> appendix to (expression) ⇔ appendix (expression)
>
> 補遺
>
> index (expression) ⇔ index to (expression)
>
> 索引
>
> complemented by (expression) ⇔ complemented by (expression)
> libretto (expression) ⇔ libretto for (expression)
> screenplay (expression) ⇔ screenplay for (expression)
> motion picture screenplay (expression) ⇔ screenplay for the motion picture (expression)

継続表現形関係（J.3.6）

preceded by (expression) ⇔ succeeded by (expression)
absorbed (expression) ⇔ absorbed by (expression)

継続［前誌］

continues (expression) ⇔ continued by (expression)

継続［後誌］

merger of (expression) ⇔ merged with … to form … (expression)

派生

(4) 27：関連する体現形

関連する体現形の関連指示子は Appendix J.4 に列挙されています。

同等の体現形関係（J.4.2）

equivalent manifestation ⇔ equivalent manifestation

同等の関係です。

also issued as ⇔ also issued as

〜としても刊行された。同じ表現形が装丁の違いやメディアの違いなど，他の形態で刊行されている場合です。

reproduced as ⇔ reproduction of (manifestation)

複製

reprinted as ⇔ reprint of (manifestation)

復刻

記述的体現形関係（J.4.3）

> description of (manifestation)

これには対になる語がありません。ある体現形が他の体現形として記述されるということはない（体現形を記述対象として記述するのは著作もしくは表現形である）ということなのでしょう。

全体=部分体現形関係（J.4.4）

> contained in (manifestation) ⇔ contains (manifestation)

他の体現形を含む関係です。

> facsimile contained in (manifestation) ⇔ contains facsimile of (manifestation)

ある著作の同じ表現形の他の体現形を複製した構成要素を持つ，より大きな体現形とその構成要素

> inserted in ⇔ insert

出版物の分離できる部分として挿入された体現形

> special issue of ⇔ special issue

シリーズや新聞の特別号

付属体現形関係（J.4.5）

> accompanied by (manifestation) ⇔ accompanied by (manifestation)
>
> issued with ⇔ issued with

記述対象資料と同じキャリア（容れ物）で刊行された体現形

> on disc with (manifestation) ⇔ on disc with (manifestation)

別の体現形が同じディスクに収められているもの

(5) 28：関連する個別資料

関連する個別資料の関連指示子は Appendix J.5 に列挙されています。

同等の個別資料関係（J.5.2）

> equivalent item ⇔ equivalent item

同等の個別資料

> reproduction of (item)

複製物の元となった体現形

> reprint of (item)

復刻

記述的個別資料関係（J.5.3）

> description of (item)

これも先に見た記述的体現形関係と同様に，逆の関連はありません。

> commentary on (item)

注釈

> critique of (item)

批評

全体=部分個別資料関係（J.5.4）

> contained in (item) ⇔ contains (item)

より大きな個別資料とその構成要素としての個別資料

付属個別資料関係（J.5.5）

> accompanied by (item) ⇔ accompanied by (item)
> bound with ⇔ bound with

一緒に製本された他の個別資料

> on disc with (item) ⇔ on disc with (item)

記述対象資料と同じディスクに収められた他の個別資料

1.9 セクション9 「個人・家族・団体の間の関連の記録」

(1) 29：個人・家族・団体の間の関連の記録総則

| 29.0　適用範囲 |
| 29.1　用語 |
| 29.2　機能的目的と原則 |

目的：ユーザーが，
a) 発見：ユーザーの検索結果として表示された個人・家族・団体に関連する個人・家族・団体を発見する。
b) 理解：複数の個人・家族・団体の間の関連を理解することを可能にしなければならない。

そしてそのために，データは関連する個人・家族・団体の間のすべての重要な書誌的関連を反映させなければなりません。

| 29.3　コアエレメント |

個人・家族・団体の間の関連の記録にはコアエレメントはありません。

29.4　個人・家族・団体の間の関連の記録

記録に際しては，IDと／または典拠形アクセスポイントを使用します。

関連の性質を表すために，関連指示子を記録します。

（個人のIDは9.18に，家族のIDは10.9に，団体のIDは11.12に規定されています。また，個人の典拠形アクセスポイントは9.19.1に，家族の典拠形アクセスポイントは10.10.1に，団体の典拠形アクセスポイントは11.13.1に，それぞれ規定されています。）

29.5　関連指示子

個人・家族・団体の間の関連指示子はAppendix Kに列挙されています。

29.6　情報源
29.7　カタロガー注記

30：関連する個人
31：関連する家族
32：関連する団体

30章から32章の本則に分散している例をまとめて表にしてみます。

関連する個人	協力者，家族のメンバー，団体の創設者
関連する家族	個人の家族，団体に影響力のある家族
関連する団体	個人が属する音楽集団，従属会社・子会社

次の表は，Appendix K の関連指示子を表にしたものです。

	個人	家族	団体
個人	他のアイデンティティ，実在のアイデンティティ	家族のメンバー，祖先	従業員，創設者，団体のメンバー，現職者，出資者
家族	子孫	子孫家族	創設した家族，出資した家族
団体	雇用者，創設された団体，メンバーである団体	創設された団体，出資された団体	創設された団体，創設した団体，下位団体，上位団体，合併相手，前身，合併後団体，分裂後団体，後身

1.10 セクション10 「概念・物・出来事・場所の間の関連の記録」

（このセクションは33から37はいずれも未刊です。）

> 33：[概念・物・出来事・場所の間の関連の記録総則]
> 34：[関連する概念]
> 35：[関連する物]
> 36：[関連する出来事]
> 37：[関連する場所]

1.11 Appendix

> A：大文字使用法
> B：略語
> C：先頭の冠詞
> D：記述データのレコード構文
> E：アクセスポイントコントロールのレコード構文
> F：個人の名前に関する付加的指示
> G：称号，階級
> H：キリスト教暦の日付
> I：関連指示子：資源と資源に関係する個人・家族・団体の間の関連
> J：関連指示子：著作，表現形，体現形，個別資料の間の関連
> K：関連指示子：個人・家族・団体の間の関連
> L：関連指示子：概念・物・出来事・場所の間の関連

2章 想定されるレコード構成

　RDAでは入力するデータについて規定しているだけで，そのデータをどのように格納したり表示するのかについては規定していません。そのため，実際のレコードがどのようになるのかを示すことはできないのですが，考えられる構成を想像してみましょう。

　まず，書誌レコードに第1グループの実体が埋め込まれている状態を図に表してみました。

　現在書誌レコードを記録している内容は，そのままほぼ体現形のレコードとして記録します。

　著作の典拠形アクセスポイントは，"著者の典拠形アクセスポイント＋．＋著作の選定タイトル"で表すことができます。

　表現形のレコードには，この著作のレコードをリンクした上で，その後ろに言語など表現形の属性を特定すれば，表現形の典拠形アクセスポイントができます。

　この表現形のセットを体現形のレコードにリンクすれば，著作－表現形－体現形のセットが構成されます。

　そしてこの体現形のレコードに所蔵レコードをリンクすると，著作－表現形－体現形－個別資料のセットの完成です（もちろん，著作や表現形の情報として，アクセスポイント以外の属性も記述されることになります）。（図3）

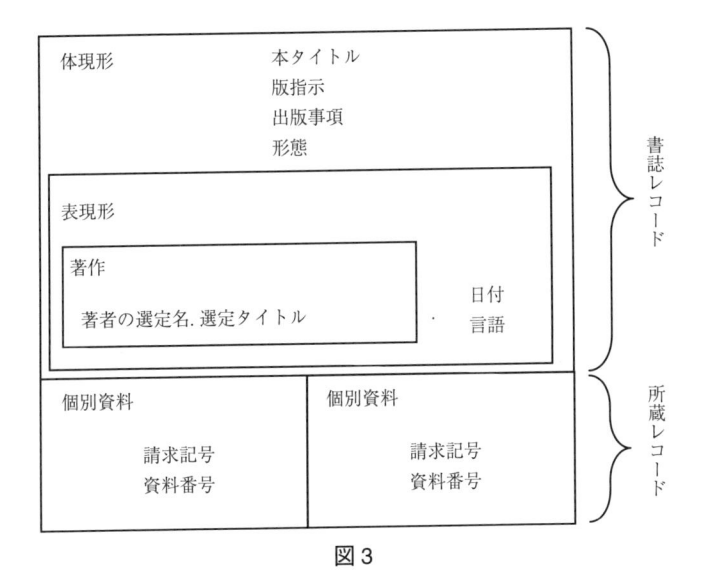

```
┌─────────────────────────────────────────────┐  ┐
│ 体現形        本タイトル                      │  │
│              版指示                          │  │
│              出版事項                        │  │
│              形態                            │  │
│   ┌─────────────────────────────────────┐   │  │ 書
│   │ 表現形                               │   │  │ 誌
│   │ ┌─────────────────────────┐         │   │  │ レ
│   │ │ 著作                     │  日付   │   │  │ コ
│   │ │  著者の選定名. 選定タイトル │  言語   │   │  │ ー
│   │ └─────────────────────────┘         │   │  │ ド
│   └─────────────────────────────────────┘   │  │
├──────────────────┬──────────────────────────┤  ┤
│ 個別資料          │ 個別資料                  │  │ 所
│                  │                          │  │ 蔵
│    請求記号       │    請求記号               │  │ レ
│    資料番号       │    資料番号               │  │ コ
│                  │                          │  │ ー
│                  │                          │  │ ド
└──────────────────┴──────────────────────────┘  ┘
```

図3

　今度は第1グループの関連を見るために，体現形のレコードに埋め込まれた状態ではなく，リンクをたどる状態で表示してみます。

　著作－表現形－体現形－個別資料がリンクされた上で，さらに関連する著作と関連する表現形のレコードにもリンクが張られた状態を表しています（図4）。

2章　想定されるレコード構成………183

図4

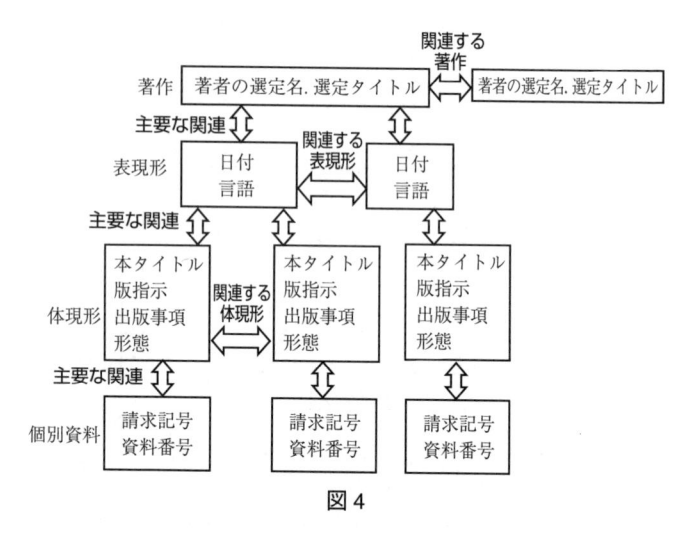

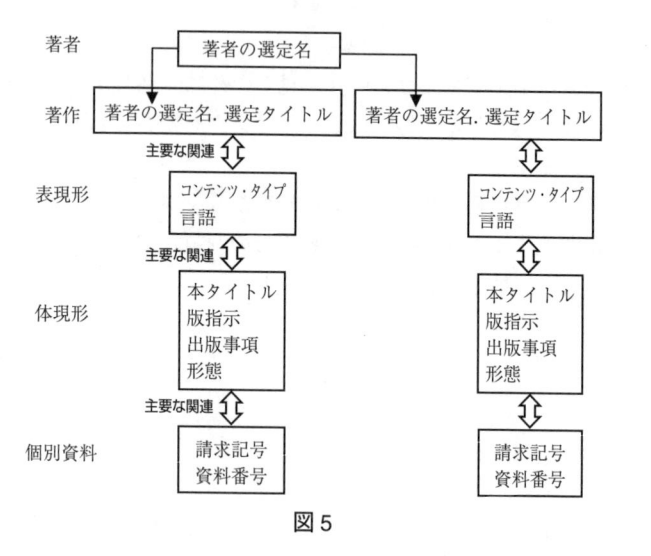

図5

著作レコードは著者名典拠レコードとリンクすることができます（図5．p.126 図1も参照）。

　今度はこれらの図に具体的な作品をあてはめてみましょう。作品は第Ⅱ部「1.4　概念モデル（FRBR）」で例にあげた吉本ばななの『キッチン』です。

　既にご紹介したように，この小説は1988年に福武書店から単行本が刊行されました。

　その後，角川文庫としても刊行されています。

　映画化もされました。ここで取り上げるのはイム・ホー（嚴浩）監督『Kitchen キッチン』（原題「我愛厨房／ Aggie et Louie」）です。

　英語版は Megan Backus の翻訳で Faber and Faber から1993年に出版されました。

　これらの関連を表すために，単行本を左側に配置し，文庫版，英語訳，映画を順に右側においたのが図6です。また，同じ吉本ばななの『とかげ』との関連を表したのが図7です。（表現形のコンテンツ種別は，通常の書籍は"text"，2次元の映像は"two-dimensional moving image"です。）

　なお，スペースの関係でそれぞれの属性は一部のみ記入してあります。

図6

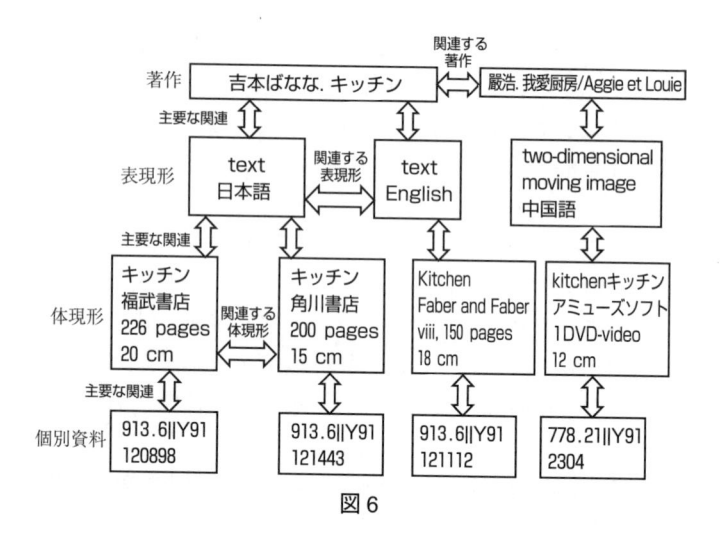

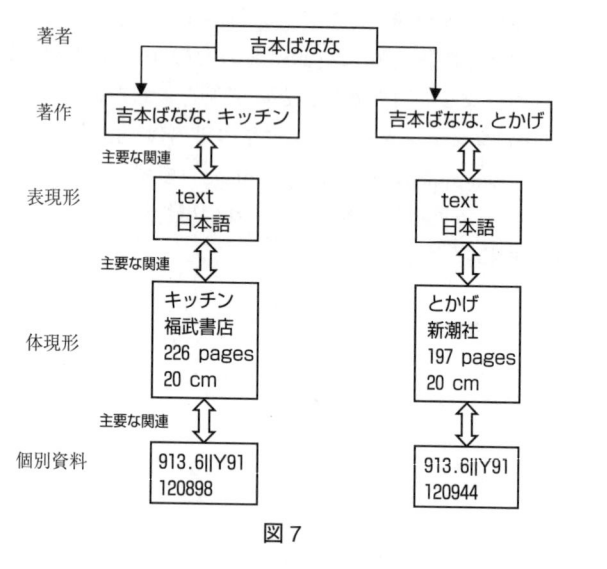

図7

これまでの目録規則は，記述対象資料についてその特徴を記録するという考え方でした。そのため1枚のカードにその資料のタイトルや出版者名などの特徴を記述する方法について規定していましたが，RDAでは記述対象資料をいくつかの実体に分けてそれぞれの属性を記録した上で，さらにそれらの実体の関連を記録するようになります。

　このように実体とその関連を記録しておくことにより，例えば福武書店の単行本を検索したときに，検索結果と合わせて角川書店発行の文庫本もあるということを表示することが可能となります。また関連する表現形をたどって英語版の"Kitchen"があるということを示すことができるようになります。さらに関連する著作をたどればイム・ホー監督の『我愛厨房』という映画があり，アミューズソフトからDVDが発行されているということを表示することができるのです。

　現在の目録でも，タイトルで検索すれば同じタイトルを持つ別の体現形や別の表現形の資料を探すことは可能ですが，それらが本当に関連するものなのかどうかは書誌レコードを一つ一つ確認しないとわかりません。同じタイトルではあるがまったく別の作品ということもあり得るのです。逆に，関連はあるけれどもタイトルが異なっている場合には検索できない場合もあります。RDAではこれらの資料を関連づけておくことで，容易にそして確実に関連する資料にたどり着けるように考えられています。

　このように，資料を探している利用者に対して，原著と翻訳本や，英語訳とフランス語訳，初版と改訂版，最初に刊行された資料と後に別の出版者から復刻された資料，紙の資料とそれと同じ内容が電子媒体に収録されているもの，あるい

は単行本として刊行された作品と全集に収録された作品など，関連のある他の体現形の資料，他の表現形の資料，他の著作などを提示することができるようになりますので，より効果的に必要とする資料にアクセスする可能性が開かれるのです。

付録

RDA の目次

0：序

セクション1：体現形と個別資料の属性の記録
 1：体現形と個別資料の属性の記録総則
 2：体現形と個別資料の同定
 3：キャリアの記述
 4：入手とアクセス情報の提供

セクション2：著作と表現形の属性の記録
 5：著作と表現形の属性の記録総則
 6：著作と表現形の同定
 7：内容の記述

セクション3：個人・家族・団体の属性の記録
 8：個人・家族・団体の属性の記録総則
 9：個人の同定
 10：家族の同定
 11：団体の同定

セクション4：概念・物・出来事・場所の属性の記録
 12：概念・物・出来事・場所の記録総則［未刊］
 13：概念の同定［未刊］
 14：物の同定［未刊］

15：出来事の同定［未刊］
16：場所の同定

セクション5：著作，表現形，体現形，個別資料の間の主要な関連の記録
17：主要な関連の記録総則

セクション6：個人・家族・団体との関連の記録
18：資料に関係する個人・家族・団体との関連の記録総則
19：著作に関係する個人・家族・団体
20：表現形に関係する個人・家族・団体
21：体現形に関係する個人・家族・団体
22：個別資料に関係する個人・家族・団体

セクション7：概念，物，出来事，場所との関連の記録
23：著作の主題の記録総則［未刊］

セクション8：著作，表現形，体現形，個別資料の間の関連の記録
24：著作，表現形，体現形，個別資料の間の関連の記録総則
25：関連する著作
26：関連する表現形
27：関連する体現形
28：関連する個別資料

セクション9：個人・家族・団体の間の関連の記録
29：個人・家族・団体の間の関連の記録総則
30：関連する個人

31：関連する家族
　　32：関連する団体

セクション 10：概念，物，出来事，場所の間の関連の記録
　　33：概念・物・出来事・場所の間の関連の記録総則［未刊］
　　34：関連する概念［未刊］
　　35：関連する物［未刊］
　　36：関連する出来事［未刊］
　　37：関連する場所［未刊］

付録
　　A：大文字使用法
　　B：略語
　　C：先頭の冠詞
　　D：記述データのレコード構文
　　E：アクセスポイントコントロールのレコード構文
　　F：個人の名前に関する付加的指示
　　G：称号，階級
　　H：キリスト教暦の日付
　　I：関連指示子：資源と資源に関係する個人・家族・団体の間の関連
　　J：関連指示子：著作，表現形，体現形，個別資料の間の関連
　　K：関連指示子：個人・家族・団体の間の関連
　　L：関連指示子：概念，物，出来事，場所の間の関連

引用文献

1) 日本図書館情報学会用語辞典編集委員会編. 図書館情報学用語辞典. 第 3 版. 丸善, 2007. 286p.
2) ブリュノ・ブラセル. 木村恵一訳. 本の歴史. 創元社, 1998. 182p.
3) 松居竜五 [ほか]著. 達人たちの大英博物館. 講談社, 1996. 308p.
4) 渋川雅俊. 目録の歴史. 勁草書房, 1985. 212p.
5) Cutter, Charles Ammi. Rules for a Printed Dictionary Catalogue. Govt. print, off. 1876.
6) L・M・チャン. 目録と分類. 勁草書房, 1987. 418p.
7) 日本図書館協会目録委員会編. 日本目録規則 1965 年版. 日本図書館協会, 1965. 247p.
8) アメリカ図書館協会等編. 大内直之等訳. 英米目録規則北米版. 日本図書館協会, 1968. 405p.
9) ISBD (M)：International standard bibliographic description for monographic publications. 1st standard ed. IFLA Committee on Cataloguing, 1974. 36p.
10) 青年図書館員聯盟目録法制定委員会編. 日本目録規則. 間宮商店, 昭和 18. 122p.
11) 日本図書館協会目録委員会編. 日本目録規則 1987 年版改訂 3 版. 日本図書館協会, 2006. 445p.
12) 日本図書館協会目録委員会編. 日本目録規則 1965 年版. 日本図書館協会, 1965. 247p.
13) 日本図書館協会目録委員会編. 日本目録規則 新版予備版. 日本図書館協会, 1977. 104p.

14）日本図書館協会目録委員会編. 日本目録規則 1987 年版. 日本図書館協会，1987. 324p.
15）米国図書館協会他編. 丸山昭二郎他訳. 英米目録規則 第 2 版 日本語版. 日本図書館協会，1995. 696p.
16）和中幹雄他訳. 書誌レコードの機能要件. 日本図書館協会，2004. 121p.
17）宮田洋輔. 日本の図書館目録における書誌的家系. *Library and information science.* No.61, p.91-117. 2009.
18）日本図書館協会目録委員会編. 目録の作成と提供に関する調査報告書. 日本図書館協会，2012. 81p.
19）Chen, Peter P. The Entity-Relationship Model:Toward a Unified View of Data. ACM Transactions on Database Systems, Vol.1, p.9-36. 1976
20）What's New | www.rdatoolkit.org　http://www.rdatoolkit.org/
21）RDA TOOLKIT　http://access.rdatoolkit.org/
22）http://www.rdatoolkit.org/sites/default/files/rdaglosshires.pdf
23）Who's Cataloging in RDA　http://www.rdatoolkit.org/RDA_institutions
24）『日本目録規則』の改訂に向けて　https://www.google.com/search?source = ig&rlz = &q = %E3%80%8E%E6%97%A5%E6%9C%AC%E7%9B%AE%E9%8C%B2%E8%A6%8F%E5%89%87%E3%80%8F%E3%81%AE%E6%94%B9%E8%A8%82%E3%81%AB%E5%90%91%E3%81%91%E3%81%A6 + &oq = &gs_l =
25）新しい『日本目録規則』の策定に向けて http://www.ndl.go.jp/jp/library/data/newncr.pdf

事項索引

* 主要事項を数字, アルファベット順, 五十音順に分けて配列しました。
* 「を見よ」参照は → で,「をも見よ」は →: で表しました。

●数字

91か条の目録規則 →パニッツィの91か条の目録規則

●アルファベット順

【A】

AACR ················6,12,14,72
AACR2······14,18,27-28,31,42,60-61, 65-66,68,70,79,88-90,95-97,99-100, 103,107,109,111,119,128,130-131
AACR3·························70
ALA（American Library Association）
·····································11,17
ALフィールド（NACSIS-CAT）
·····································161
Anglo-American Cataloguing Rules
 → AACR
ASTED（Association pour l'avancement des sciences et des techniques de la documentation） ··········73

【B・C・D】

between（出版年）···············92
Bibliography······················131
[ca.] ································92
cm ·································111
Cutter, Charles Ammi →カッター, チャールズ・エイミー
Dublin Core →ダブリン・コア

【F・G】

FRAD ····················24,26-27,52
FRBR········5,6,11,15,18,20,26-27,38-39,43,45-46,55,71,76-77,114,146
Functional Requirements for Authority Data → FRAD
Functional Requirements for Bibliographic Records → FRBR
GMD·····························28,107

【I】

[i.e.] ································90
ID ···············144,147,150,159-160

事項索引········195

個別資料 …………………… 156
体現形 …………………… 152-154,157
著作 ……………………… 147,152-153
表現形 …………………… 146,151,155
IFLA (International Federation of Library Associations and Institutions) …………… 12-13,15,17-18
IFLA目録分科会 ………………… 26
index ………………………………… 131
ISBD ………… 13-14,17-18,30-31,72
　統合版 …………… 16,18,28-30,34
ISBN ……………………… 31-32,106
ISMN ………………………………… 32
ISSN ……………………………… 32,106

【L】

LA (Library Association)
　→英国図書館協会
LC (Library of Congress) …… 37,65,71
LC-PCC PS …………………………… 65
Library of Congress-Program for Cooperative Cataloging Policy Statements　→LC-PCC PS
Lubetzky, Seymour
　→ルベツキー, シーモア

【M】

MARC　→MARC21
MARC21 ……………………… 44,65,72
mm ………………………………… 111
MODS ……………………………… 44,65

【N】

NACSIS-CAT …… 25,37-38,60,78-79, 81,95,105,149-150,161
NCR　→日本目録規則
NII ……………………………… 37,78-79

【O・P】

OCLC ………………………………… 37
「On the Record：書誌コントロールの将来に関する米国議会図書館ワーキンググループ報告書」
　………………………………………… 71
OPAC ………………………… 2,23,33,35-36
Panizzi, Antonio
　→パニッツィ, アントニオ
p. …………………………………… 110

【R】

RDA …………………………………… 18
RDA/ONIXフレームワーク … 45,72
RDA-Toolkit ……………… 61-62,72

【S・T】

[sic] ………………………………… 90
SMD ………………………………… 28
TRC　→図書館流通センター

【U・V】

URN ………………………………… 106
UTLフィールド (NACSIS-CAT)
　………………………………… 149-150

VT フィールド（NACSIS-CAT）
.... 149-150

●五十音順

【あ行】

アーカイブ............................... 45
アクセスポイント
.... 16,24-25,61,114,117
 著作を表す........................124
 表現形を表す....................125
アクセント符号
 個人・家族・団体............137
 体現形と個別資料..............89
 著作のタイトル................119
アメリカ図書館協会　→ ALA
アレクサンドリア図書館............8
異形... 26
異形アクセスポイント...... 114-115
異形タイトル............... 90,114-116
一般資料指示　→ GMD
イニシャル
 個人・家族........................137
 体現形と個別資料..............89
 団体名................................138
印記... 80
印刷版................................ 66-67
『印刷版辞書体目録規則』.... 10-11
インチ................................ 61,111
ウェブ版 OPAC..................... 36
映画化......................... 47,59,185

英国図書館............................. 71
英国図書館協会.................. 11,17
英米目録規則　→ AACR
英米目録規則第 2 版　→ AACR2
英米目録規則北米版............... 27
演奏時間................................109
大きさ....................................110
大文字・小文字...................... 88
大文字使用法（個人・家族・団体）
....137
オーストラリアの国立図書館....71
オーディオカセット　→カセット
音に関する内容......................131
音楽の演奏手段......................132
オンライン化.......................... 33

【か行】

概念・物・出来事・場所
.... 45-46,51,57-60
概念・物・出来事・場所との関連
.... 59-60
概念・物・出来事・場所との関連
 の記録................................165
概念・物・出来事・場所の間の関
 連の記録............................180
学位..129
学位論文................................128
角括弧..................................... 93
学術情報センター................... 25
 →：NII
楽譜の形式............................132

事項索引........197

楽譜の出版社番号…………………106
カセット……………………………111
家族……………………………………52
カタロガー注記
　個人・家族・団体の……………141
　著作，表現形，体現形，個別資
　　料の間の………………………168
カッター，チャールズ・エイミー
　………………………6,10,17,20,39
　の目録の目的……………7（図1）
活版印刷………………………………9
カード目録………6,11,21,23,33-36
カナダの国立図書館………………71
漢字統合インデックス（NACSIS-
　CAT）………………………………81
関連……50-51,56,58,77,144,161,185,
　187-188
関連指示子………78,160-161,166,170
　関連する個別資料………………170
　関連する体現形…………………170
　関連する著作……………………169
　関連する表現形…………………169
　個人・家族・団体との…………160
　個人・家族・団体の間の…179-180
　個別資料に関係する個人・家
　　族・団体との…………………164
　体現形に関係する個人・家族・
　　団体との……………………163-164
　著作に関係する個人・家団
　　体との……………………162-163
　著作，表現形，体現形，個別資

　　料の間の………………………169
　表現形に関係する個人・家族・
　　団体との………………………163
関連する個別資料……………169-170
関連する体現形………………169-170
関連する著作………………………169
関連する表現形……………………169
関連の種類…………………………145
機器タイプ（ISBN統合版）
　…………………………………28-29
　→：メディア種別（RDA）
記述…………………………………166
　→：構造化記述，非構造化記述
　→：書誌記述
記述ユニット方式………………14,21-23
記入………………………………3,12
機能的目的と原則
　個人・家族・団体との関連の記
　　録…………………………………159
　個人・家族・団体の間の関連の
　　記録………………………………178
　体現形と個別資料の属性の記録
　　…………………………………85
　著作と表現形の属性の記録……115
　著作，表現形，体現形，個別資
　　料の間の関連の記録…………165
　著作，表現形，体現形，個別資
　　料の間の主要な関連の記録
　　…………………………………146
基本記入………………………10,18,21-23
基本記入方式………………………21

198………事項索引

キャリア種別……………… 107-109	国際標準書誌記述 → ISBD
区切り記号………… 13-14,31,44,77	国際標準著作番号……………… 32
区切り記号法………………… 30-31	国際標準図書番号 → ISBN
句読点………………………… 88	国際標準番号……………… 32
継続資料…………………… 91,94	国際目録原則覚書…… 6,11,15-16,18,
言語と文字	23-24,26,38,52,76-77
個人・家族・団体…………137	国立国会図書館……… 25,37,73,77
体現形と個別資料……………87	国立国会図書館典拠データ検索・
原著……………………………123	提供サービス…………………… 25
コアエレメント……………… 60-61	国立情報学研究所 → NII
音楽資料………………………117	個人・家族・団体
家族の…………………………136	………52,57-61,117,124, 133,161
個人・家族・団体との関連の記	個人・家族・団体との関連… 59-60
録…………………………159	個人・家族・団体の選定名……126
個人・家族・団体の間の関連の	個人・団体…………… 45-46,51
記録………………………178	→：個人・家族・団体
個人の…………………………135	後タイトル…………………… 94-95
体現形の………………………86	コーディングマニュアル…… 78-80
団体の…………………………136	個別資料………5,47,49,51,55-57,80
地図資料………………………118	コンテンツ種別……… 107,122,185
著作の…………………………116	
著作，表現形，体現形，個別資	**【さ行】**
料の間の関連の記録………166	索引（検索用）………………… 81
二国間条約……………………117	冊子体目録……………………… 11
表現形の………………………117	参照した情報源…………… 140,168
公共図書館…………………… 36-37	サンプル（RDAレコードの）…… 62
更新資料………………………… 94	時間………………………………132
構造化記述……………………167	識別子………………………… 26,32
構成のシステム………………128	辞書体目録………………… 10-11
誤記………………………………90	実体……45-46,50,55-56,77,114,144,
国際図書館連盟　→ IFLA	182,187

事項索引……199

実体関連モデル	15,26,45,65
縦横比	132
集中（著作における）	21
集中機能	10,20
州名	99
主記入	22,61
縮尺	133
主題	51
出版事項	99
出版社	45,89
出版者	101,123
出版者等	100,102
出版地	101
出版地等	100-101
出版等の日付	100
出版年	101
出版年等	102
出版表示	99,101
取得場所と日付	129
主要な関連 →著作，表現形，体現形，個別資料の間の主要な関連	
授与機関	129
授与年	129
使用期間	139
使用範囲	138
所在指示	3
書誌記述	2-4,10,13,18,35
書誌コントロール	2
書誌ユーティリティ	25,37-38
書誌レコード	13,47,57,182
の電子化	13
書誌レコードの機能要件	→ FRBR
序数詞	91
所蔵	5
所蔵レコード	182
書名基本記入	22
シリーズタイトル関連情報	104
シリーズタイトルの責任表示	104
資料種別	28
資料組織化	2
数字	91
数量	109-110
図に関する内容	130
スペイン	73
スペイン語訳	73
請求記号	3
制作者	101
製作者	101
制作地	101
製作地	101
制作年	101
製作年	101
制作表示	99,101
製作表示	99,101
責任表示	18,95-97
世代	112
セマンティックウェブ	44
全国書誌作成機関	37
前タイトル	94
前置詞（出版地等）	100
選定タイトル	114-115,117,124
先頭の冠詞（著作のタイトル）	119

総合タイトルがない場合………94
総合目録……………………37
属性………………56-57,77,187
属性の記録…………………84
その他のタイトル（NACSIS-CAT）
　………………………81,149

【た行】
第1グループ（FRBRの）
　→著作，表現形，体現形，個別資料
第2グループ（FRBRの）
　→個人・家族・団体
第3グループ（FRBRの）
　→概念・物・出来事・場所
大学図書館……………15,25,35-37
体現形……………46-47,49,51,55-57
　ID…………………………106
体現形の一例示……………156,158
　　タイトル………………93,114
　　レコード………………182,183
体現された著作……147,149,153,157
体現された表現形…………155,158
対象者………………………128
タイトル……………………18,93
タイトル関連情報……………94,97
タスク　→利用者のタスク
ダブリン・コア……………44,72
逐次刊行物…………………27
地図資料の座標……………127
中核的アクセスポイント………24

中国…………………………73
中国語訳……………………73
著作………20-21,46-47,49,51,55,57,61,114
　形式………………………120
　その他の識別的特徴………120
　タイトル…………………93,114
　日付………………………120
　歴史………………………121
　レコード…………………182,185
著作権年……………………103
著作の体現形………………152,158
　→：体現された著作
著作の表現形………………146,151,158
　→：表現された著作
著作，表現形，体現形，個別資料
　………………45-46,50-51,57-59,144,182
著作，表現形，体現形，個別資料
　の間の関連の記録………165-166
著作，表現形，体現形，個別資料
　の間の主要な関連
　………………50,58-59,145-146,157
著者基本記入方式……………14,22
著者名典拠ファイル…………25
著者名典拠レコード…………185
ディスク……………………111
データベース………………6,61
転記…………………………44,61,86
転記の原則…………………29-30
典拠形アクセスポイント
　………………24,26,144,147-149,150,159

事項索引………201

個人・家族・団体の……115,139
　　著作や表現形を表す……115,118,
　　　126
　　著作を表す………114,152-153,182
　　表現形の……………151,155,182
典拠コントロール…………→24-27
典拠データの機能要件　→ FRAD
典拠レコード……………… 16,25-26
ドイツ……………………………73
ドイツ語訳………………………73
ドイツ図書館……………………73
統一書名……………………24,149
統一書名典拠レコード…………150
統一タイトル……………………119
統一タイトル標目………………21
統一標目………………………12,25
統制形アクセスポイント……24,26
同定の状態
　　個人・家族・団体……………139
　　著作，表現形………………118
導入館（RDA の）………………74
特定資料指示　→ SMD
図書館………………………………8-9
図書館目録　→目録
図書館流通センター………………37

【な行】

内容形式（ISBN 統合版の）…28-29
内容の言語………………………129
内容の性質………………………127
内容の特性（ISBN 統合版の）
　………………………………… 28-29
内容の範囲………………………127
日本…………………………………73
日本図書館協会…………… 14,73,76
日本図書館協会目録委員会
　………………………………35,76,78
日本目録規則
　………14,18,22-23,29-30, 76-78,95
　1965 年版……………………12,14,22
　1987 年版………………………14,28
　新版予備版…………………14,23,31

【は行】

排列規則………………………23,35
バインダー…………………… 66-67
博物館……………………………44
発音符号…………………………89
発売者……………………………101
発売地……………………………101
発売年……………………………101
発売表示……………………… 99,101
パニッツィ，アントニオ
　…………………………… 6,9-10,17
パニッツィの 91 か条の目録規則
　………………………………7（図1),9
パリ原則……………6-7,12-15,18,20,24
版指示……………………………98
版の改訂指示……………………98
版の改訂表示……………………97
版表示…………………… 97-98,123
非構造化記述…………………167-168

非出版物……………………101
日付…………………………92
必須 2（NACSIS-CAT）……60-61
非統制形アクセスポイント……24
ピナケス………………………7
表記の形式…………………129
表現形
　……46,49,51,55,57,61,114,126,150
　言語………………………125
　その他の識別的特徴……123,125
　注記………………………133
　日付…………………122,125
　レコード………………182-183
表現形の体現形……………154,158
　→：体現された表現形
表現された著作……………146-157
　→：著作の表現形
標準番号………………… 24,31
標目……2-4,10,12-13,18,22-24,35,61,
　161
ファインディングリスト…………10
付加的アクセスポイント……24
複合記述………144,147-148,151-156
副出記入……………………21
フランス……………………73
フランス語訳………………73
プレート番号………………106
分割目録……………………11
分冊もの……………………94
米国議会図書館　→ LC
並列タイトル………………94

編成…………………………3
補記…………………………93
補足的内容…………………131
本タイトル…………………94
翻訳………………47,59,123,185
翻訳（RDA の）……………73

【ま行】
マイクロフィッシュ………111
マイライブラリー機能………36
未区分名称標識……………140
メタデータ…………………44
メディア種別……………107-109
メートル法…………………61
目次（RDA の）…………55-56
目録…………2,4,8-9,20,27,35-37,39
目録カード…………6,34-35,61,79
目録規則……2-4,6-9,11,13,17-18,21,
　23,27-28,31-33,38,187
　の変遷………………………6
目録
　コロケーション機能　→集中機能
　シェルフリスト機能………5
　集中機能………………5,10,20
　デジタル化と………………33
　と書誌………………………2,5
　の機能………………………5
　のデータベース……………6
　の変遷と影響関係………7（図 1）
　の目的（カッターの）………11
　ファインディングリスト機能

……5,10
『目録システム利用マニュアル』
　　　　　　　　　　　　………79
『目録情報の基準』……………79
目録レコード………………36-38
文字として表された数………91

【や行】

訳者…………………… 123,125
ユネスコ…………………………17

【ら行】

略語………………44,86,97,99,110

利用者のタスク………………43,80
利用に関する内容………………130
リンク…………150,182-183,185
ルベツキー，シーモア………12,20
例示された体現形…………157-158
　→：体現形の一例示
レベル（AACR2の記述の）……60

【わ行】

分かち書き規則…………………81
和漢古書…………………………80
和古書漢籍………………………76

●著者紹介

上田　修一（うえだ　しゅういち）
　1947年生　慶應義塾大学大学院修了　立教大学文学部特任教授　元大学図書館支援機構理事長

蟹瀬　智弘（かにせ　ともひろ）
　1960年生　慶應義塾大学大学院修士課程修了　社会学修士　大学図書館支援機構（〜2016年5月）　RDA講習会講師　2016年6月より株式会社紀伊國屋書店勤務

視覚障害者その他活字のままではこの本を利用できない人のために，日本図書館協会及び著者に届け出る事を条件に音声訳（録音図書）及び拡大写本，電子図書（パソコンなど利用して読む図書）の製作を認めます。但し，営利を目的とする場合は除きます。

EYE LOVE EYE

◆JLA 図書館実践シリーズ　23

RDA入門

目録規則の新たな展開

2014年2月10日　　初版第1刷発行Ⓒ
2018年1月20日　　初版第2刷発行

定価：本体1800円（税別）

著　者：上田修一，蟹瀬智弘
発行者：公益社団法人　日本図書館協会
　　　　〒104-0033　東京都中央区新川1-11-14
　　　　Tel 03-3523-0811㈹　Fax 03-3523-0841
デザイン：笠井亞子
印刷所：㈱丸井工文社
Printed in Japan
JLA201718　　ISBN978-4-8204-1319-6
本文の用紙は中性紙を使用しています。

JLA 図書館実践シリーズ 刊行にあたって

　日本図書館協会出版委員会が「図書館員選書」を企画して20年あまりが経過した。図書館学研究の入門と図書館現場での実践の手引きとして，図書館関係者の座右の書を目指して刊行されてきた。

　しかし，新世紀を迎え数年を経た現在，本格的な情報化社会の到来をはじめとして，大きく社会が変化するとともに，図書館に求められるサービスも新たな展開を必要としている。市民の求める新たな要求に対応していくために，従来の枠に納まらない新たな理論構築と，先進的な図書館の実践成果を踏まえた，利用者と図書館員のための出版物が待たれている。

　そこで，新シリーズとして，「JLA 図書館実践シリーズ」をスタートさせることとなった。図書館の発展と変化する時代に即応しつつ，図書館をより一層市民のものとしていくためのシリーズ企画であり，図書館にかかわり意欲的に研究，実践を積み重ねている人々の力が出版事業に生かされることを望みたい。

　また，新世紀の図書館学への導入の書として，一般利用者の図書館利用に資する書として，図書館員の仕事の創意や疑問に答えうる書として，図書館にかかわる内外の人々に支持されていくことを切望するものである。

2004年7月20日
日本図書館協会出版委員会
委員長　松島　茂

図書館員と図書館を知りたい人たちのための新シリーズ!
JLA 図書館実践シリーズ 既刊20冊, 好評発売中

(価格は本体価格)

1. **実践型レファレンスサービス入門** 補訂版
   斎藤文男・藤村せつ子著／203p／1800円

2. **多文化サービス入門**
   日本図書館協会多文化サービス研究委員会編／198p／1800円

3. **図書館のための個人情報保護ガイドブック**
   藤倉恵一著／149p／1600円

4. **公共図書館サービス・運動の歴史 1** そのルーツから戦後にかけて
   小川徹ほか著／266p／2100円

5. **公共図書館サービス・運動の歴史 2** 戦後の出発から現代まで
   小川徹ほか著／275p／2000円

6. **公共図書館員のための消費者健康情報提供ガイド**
   ケニヨン・カシーニ著／野添篤毅監訳／262p／2000円

7. **インターネットで文献探索 2016年版**
   伊藤民雄著／204p／1800円

8. **図書館を育てた人々** イギリス篇
   藤野幸雄・藤野寛之著／304p／2000円

9. **公共図書館の自己評価入門**
   神奈川県図書館協会図書館評価特別委員会編／152p／1600円

10. **図書館長の仕事** 「本のある広場」をつくった図書館長の実践記
    ちばおさむ著／172p／1900円

11. **手づくり紙芝居講座**
    ときわひろみ著／194p／1900円

12. **図書館と法** 図書館の諸問題への法的アプローチ
    鑓水三千男著／308p／2000円

13. **よい図書館施設をつくる**
    植松貞夫ほか著／125p／1800円

14. **情報リテラシー教育の実践** すべての図書館で利用教育を
    日本図書館協会図書館利用教育委員会編／180p／1800円

15. **図書館の歩む道** ランガナタン博士の五法則に学ぶ
    竹内悊解説／295p／2000円

16. **図書分類からながめる本の世界**
    近江哲史著／201p／1800円

17. **闘病記文庫入門** 医療情報資源としての闘病記の提供方法
    石井保志著／212p／1800円

18. **児童図書館サービス 1** 運営・サービス論
    日本図書館協会児童青少年委員会児童図書館サービス編集委員会編／310p／1900円

19. **児童図書館サービス 2** 児童資料・資料組織論
    日本図書館協会児童青少年委員会児童図書館サービス編集委員会編／322p／1900円

20. **「図書館学の五法則」をめぐる188の視点** 『図書館の歩む道』読書会から
    竹内悊編／160p／1700円